# 国家支持企业技术创新政策汇编

## 2020

科学技术部火炬高技术产业开发中心　编



科学技术文献出版社
SCIENTIFIC AND TECHNICAL DOCUMENTATION PRESS
·北京·

**图书在版编目（CIP）数据**

国家支持企业技术创新政策汇编. 2020 / 科学技术部火炬高技术产业开发中心编. —北京：科学技术文献出版社，2020. 12（2024. 5重印）
ISBN 978-7-5189-7445-0

Ⅰ. ①国… Ⅱ. ①科… Ⅲ. ①企业创新—经济政策—汇编—中国—2020 Ⅳ. ① F279.2

中国版本图书馆 CIP 数据核字（2020）第 243986 号

**国家支持企业技术创新政策汇编（2020）**

策划编辑：丁芳宇　责任编辑：张　红　责任校对：文　浩　责任出版：张志平

出 版 者　科学技术文献出版社
地　　址　北京市复兴路15号　邮编　100038
编 务 部　（010）58882938，58882087（传真）
发 行 部　（010）58882868，58882870（传真）
邮 购 部　（010）58882873
官方网址　www.stdp.com.cn
发 行 者　科学技术文献出版社发行　全国各地新华书店经销
印 刷 者　北京虎彩文化传播有限公司
版　　次　2020 年 12 月第 1 版　2024 年 5 月第 3 次印刷
开　　本　710 × 1000　1/16
字　　数　188千
印　　张　13.25
书　　号　ISBN 978-7-5189-7445-0
定　　价　56.00元

# 编 委 会


**主　编：** 贾敬敦　张卫星

**副主编：** 陈　伟　王宇彤　张福奇　黎晓奇

**编　委：**（按姓氏笔画排序）

于　磊　王　茜　石鸿刈　刘　欣　孙启新　李　享

李志杰　李国珍　张春国　陈　力　杭　磊　周　航

庞鹏沙　赵大伟　徐示波　黄燕飞　蔡子航　魏　谷

# 序　言

当前，世界正处于百年未有之大变局，新一轮科技革命和产业变革深入推进。在经济逆全球化抬头和保护主义上升、世界经济萧条、全球市场萎缩的外部环境下，坚定不移贯彻“创新、协调、绿色、开放、共享”的新发展理念，加快形成以国内大循环为主体、国内国际双循环相互促进的新发展格局，已经成为新阶段我国奋力走在时代前列的根本保障。深入实施以科技创新为引领的创新驱动发展战略，既是构建发展新格局的需要，也是高质量发展的根本所在。发挥企业在实施创新驱动发展战略、形成新发展格局、推动经济高质量发展等方面的关键力量和重要载体作用，具有重要的现实意义和深远的历史意义。

习近平总书记强调，企业持续发展之基、市场制胜之道在于创新，各类企业都要把创新牢牢抓住，不断增加创新研发投入，加强创新平台建设，培养创新人才队伍，促进创新链、产业链、市场需求有机衔接，争当创新驱动发展先行军。党的十九大提出要建立以企业为主体、市场为导向、产学研深度融合的技术创新体系，党的十九届五中全会再次强调要提升企业技术创新能力，完善国家创新体系，为进一步推进企业创新发展指明了方向、提供了遵循。

改革开放以来，我国企业发展取得了举世瞩目的成就，涌现出华为等一批具有世界影响力的创新型领军企业。同时，我们也清醒地看到，企业科技创新能力仍有待进一步提升，一些企业对科技创新是提升核心竞争力根本途径的认识仍有待进一步加强，在国际上具有核心竞争力的企业数量仍有待进一步扩大，一些产业核心技术和关键零部件受制于人的问题仍未得到根本性解决。因此，切实强化企业技术创新的主体地位，优化企业技术创新发展环境，仍然是一项急迫而重大的任务。

2020 年是我国进入创新型国家行列并全面谋划“十四五”发展的关键之年。为更好地为企业科技创新提供服务，使社会各界更加全面了解相关政策，科技部火炬中心组织力量对近年来国家相关部门出台的技术创新政策进行了系统梳理，编写了《国家支持企业技术创新政策汇编（2020）》。科技部火炬中心将会同有关部门采取切实措施，加强政策的宣传解读，开展政策执行情况的调查评估，推动科技创新政策落地落实，促进企业通过技术创新快速健康发展。

抓创新就是抓发展，谋创新就是谋未来。“十四五”时期，我们将把科技自立自强作为国家发展的战略支撑，深入实施创新驱动发展战略，坚持“四个面向”，全面提升企业技术创新能力，更好发挥企业在“六稳”“六保”中的重要作用，着力激活技术创新活力，加速释放技术创新原动力，推进产业基础高级化、产业链现代化，为高质量发展提供有力支撑，为全面建设社会主义现代化国家开好局、起好步。

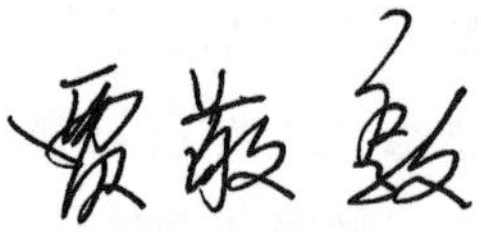

**科学技术部火炬高技术产业开发中心主任**

# 前　言

党中央、国务院高度重视企业技术创新能力建设，习近平总书记、李克强总理都对提高企业技术创新能力做出了系列重要批示指示，各部门、各地方围绕提高企业技术创新能力，开展了一系列探索和实践。

为进一步帮助社会各界全面地了解有关技术创新政策，科学技术部火炬高技术产业开发中心组织力量对近年来国家相关部门出台的支持企业技术创新政策进行了集中梳理，编写了《国家支持企业技术创新政策汇编（2020）》一书。该书包括了科技计划、税收优惠、创新创业、成果转化、科技金融、人才激励、创新平台、产业载体 8 个大类合计 89 项具体政策，基本涵盖企业技术创新发展的全过程。

本书政策收录截止时间为 2020 年 8 月，鉴于政策的不断调整，汇编内容仅供参考，如遇有关政策调整，以调整后的政策为准。书中的疏漏与不足之处，敬请广大读者指正。

**科学技术部火炬高技术产业开发中心**

**2020 年 12 月**

# 目　录

# 第一部分　科技计划

**导读**　科技计划制度是贯彻落实国家创新驱动发展战略的重要举措。科技计划（专项、基金等）是政府在科技创新领域发挥引领和指导作用的重要载体，对全社会的科技创新具有风向标的作用，对于体现国家在有中国特色自主创新道路上的政策取向、战略布局、发展重点及科技创新规律特点等方面也具有重要作用。

## 一、国家自然科学基金

**政策依据**

《国家自然科学基金资助项目资金管理办法》（财教〔2015〕15号）

《财政部　国家自然科学基金委员会关于国家自然科学基金资助项目资金管理有关问题的补充通知》（财科教〔2016〕19号）

《国家自然科学基金委员会关于国家自然科学基金资助项目资金管理的补充通知》（国科金发财〔2018〕88号）

《国家自然科学基金委员会　财政部关于进一步完善科学基金项目和资金管理的通知》（国科金发财〔2019〕31号）

**政策介绍**

国家自然科学基金资助项目资金，是指国家自然科学基金按照《国家自然科学基金条例》规定，用于资助科学技术人员开展基础研究和科学前沿探索，支持人才和团队建设的专项资金。

## 适用范围

中华人民共和国境内的高等学校、科学研究机构和其他具有独立法人资格、开展基础研究的公益性机构，可以在基金管理机构注册为依托单位。国家自然科学基金重点支持面上项目、重点项目、重大项目、重大研究计划、青年科学基金项目、地区科学基金项目、优秀青年科学基金项目、国家杰出青年科学基金项目、海外及港澳学者合作研究基金项目、国际（地区）合作交流项目、联合基金项目、专项基金项目、国家重大科研仪器研制项目等十多个方向。

## 政策内容

自然科学基金项目一般实行定额补助资助方式。对于重大项目、国家重大科研仪器研制项目等研究目标明确、资金需求量较大、资金应当按项目实际需要予以保障的项目，实行成本补偿资助方式。各类项目具体支持方式和额度见年度申报指南。

## 申报流程

预算编制。项目负责人（或申请人）编制项目收入预算和支出预算，依托单位应当组织其科研和财务管理部门进行审核，审核通过后提交自然科学基金委。

↓

预算审批。自然科学基金委组织项目评审，确定资助额度。依托单位应当组织项目负责人根据批准的项目资助额度，按规定调整项目预算，报自然科学基金委核准。

↓

预算执行。项目资金支付给依托单位后，项目负责人应当严格执行自然科学基金委核准的项目预算。

## 二、国家科技重大专项

### 政策依据

《国家科技重大专项（民口）管理规定》（国科发专〔2017〕145号）
《国家科技重大专项（民口）资金管理办法》（财科教〔2017〕74号）

### 政策介绍

重大专项是为了实现国家目标，通过核心技术突破和资源集成，在一定时限内完成的重大战略产品、关键共性技术和重大工程，是我国科技发展的重中之重，对提高我国自主创新能力、建设创新型国家具有重要意义。

### 适用范围

重大专项采取定向委托、择优委托（包括定向择优和公开择优）、招标等方式遴选项目（课题）承担单位。国家科技重大专项包括核心电子器件、高端通用芯片及基础软件产品专项，极大规模集成电路制造装备与成套工艺专项，新一代宽带无线移动通信网专项，高档数控机床与基础制造装备专项，大型油气田及煤层气开发专项，大型先进压水堆及高温气冷堆核电站专项，水体污染控制与治理专项，转基因生物新品种培育专项，重大新药创制专项，艾滋病和病毒性肝炎等重大传染病防治专项，大型飞机专项，高分辨率对地观测系统专项，载人航天与探月工程专项等十余项。年度具体支持项目及内容查询国家科技管理信息系统公共服务平台（https://service.most.gov.cn/index）。

### 政策内容

重大专项的财政支持方式分为前补助、后补助。具体支持方式根据重大专项组织实施的要求和项目（课题）的特点，在年度指南和年度计划中予以明确。

**申报流程**

指南发布。重大专项牵头组织单位会同相关部门依据重大专项实施方案、阶段实施计划，组织总体专家组、专业机构等编制年度指南并发布。

↓

项目申报和评审。专业机构受理项目（课题）申报，采取视频评审或会议评审等方式，组织开展项目（课题）任务和预算评审，报重大专项牵头组织单位审核。

↓

立项和实施。专业机构根据牵头组织单位下达的立项批复，与项目（课题）承担单位签订《重大专项项目（课题）任务合同书》。

## 三、国家重点研发计划

**政策依据**

《国家重点研发计划资金管理办法》（财科教〔2016〕113 号）

《国家重点研发计划管理暂行办法》（国科发资〔2017〕152 号）

《科技部关于印发〈国家重点研发计划资金管理办法〉配套实施细则的通知》（国科发资〔2017〕261 号）

《科技部　财政部关于进一步优化国家重点研发计划项目和资金管理的通知》（国科发资〔2019〕45 号）

**政策介绍**

国家重点研发计划是由中央财政资金设立，面向世界科技前沿、面向经济主战场、面向国家重大需求，重点资助事关国计民生的农业、能源资源、生态环境、健康等领域中需要长期演进的重大社会公益性研究，事关产业核心竞争力、整体自主创新能力和国家安全的战略性、基础性、前瞻性重大科学问题、重大共性关键技术和产品研发，以及重大国际科技合作等，加强跨部门、跨行业、跨区域研发布局和协同创新，为国民经济和社会发展主要领域提供持续性的支撑和引领。项目是国家重点研发计划组织实施的基本单元。项目可根据需要下设一定数量的课题。课题是项目的组成部分，按照项目总体部署和要求完成相对独立的研究开发任务，服务于项目目标。

### 适用范围

项目牵头承担单位、课题承担单位和课题参与单位应当是在中国大陆境内注册、具有独立法人资格的科研院所、高等院校、企业等。国家重点研发计划包括大气污染防治专项、新能源汽车、七大农作物育种、数字诊疗装备、干细胞及转化研究、化学肥料和农药减施增效综合技术研发、粮食丰产增效科技创新、林业资源培育及高效利用技术创新、现代食品加工及粮食收储运技术与装备 、智能农机装备、纳米科技、战略性先进电子材料等 40 余项，每年度具体的支持方向及要求查询国家科技管理信息系统公共服务平台。

### 政策内容

国家重点研发计划实行多元化投入方式，资金来源包括中央财政资金、地方财政资金、单位自筹资金和从其他渠道获得的资金。中央财政资金支持方式包括前补助和后补助，各类项目具体支持方式和金额标准在编制重点专项实施方案和年度项目申报指南时予以明确。

### 申报流程

指南发布。科技部会同专项参与部门及专业机构编制重点专项的年度项目申报指南，通过国家科技管理信息系统公开发布。

↓

预申报和首轮评审。项目牵头单位应按照项目申报指南的要求，通过信息系统提交简要的预申报书。专业机构受理项目预申报并进行形式审查后，采取网络评审、通讯评审或会议评审等方式组织开展首轮评审，不要求项目申报团队答辩。

↓

正式申报和答辩评审。专业机构通知项目牵头单位通过信息系统填报正式申报书，经形式审查后，以视频会议等方式组织开展答辩评审。评审结果报科技部进行合规性审核。

↓

公示立项。专业机构对通过合规性审核的拟立项项目通过信息系统进行公示，并依据公示结果发布立项通知，与项目牵头单位签订项目任务书。项目下设课题的，项目牵头单位也应与课题承担单位签订课题任务书。

## 四、技术创新引导专项（基金）

**政策依据**

《中央引导地方科技发展资金管理办法》（财教〔2019〕129号）

**政策介绍**

引导资金是指中央财政用于支持和引导地方政府落实国家创新驱动发展战略和科技改革发展政策、优化区域科技创新环境、提升区域科技创新能力的共同财政事权转移支付资金。实施期限根据科技领域中央与地方财政事权和支出责任划分改革方案等政策进行相应调整。引导资金支持以下4个方面：自由探索类基础研究、科技创新基地建设、科技成果转移转化、区域创新体系建设。

**适用范围**

支持符合地方年度引导资金实施方案的科技项目及其承担企业。

**政策内容**

支持自由探索类基础研究、科技创新基地建设和区域创新体系建设的资金，鼓励地方综合采用直接补助、后补助、以奖代补等多种投入方式。支持科技成果转移转化的资金，鼓励地方综合采用风险补偿、后补助、创投引导等财政投人方式。支持方式和额度详见地方年度引导资金实施方案。

**操作流程**

中央引导资金预计数下达。财政部会同科技部于每年10月31日前提前下达下一年度引导资金预计数。

↓

地方引导资金预计数下达。省级财政部门接到中央财政下达的预算后30日内，应当会同科技部门按照预算级次合理分配、及时下达引导资金预计数。

↓

地方实施方案编制备案。省级财政部门会同科技部门制定年度引导资金实施方案，报科技部、财政部备案，同时抄送财政部当地监管局。

## 五、创新基地和人才专项

**政策依据**

《国家科技创新基地优化整合方案》（国科发基〔2017〕250号）

《科技部办公厅　中央组织部办公厅 人力资源社会保障部办公厅关于做好2018年创新人才推进计划暨国家“万人计划”科技创新领军人才、科技创业领军人才推荐选拔工作的通知》（国科办政〔2018〕53号）

**政策介绍**

根据《关于深化中央财政科技计划（专项、基金等）管理改革的方案》《国家科技创新基地优化整合方案》等相关文件，对科技部管理的国家（重点）实验室、国家工程技术研究中心、科技基础条件平台、创新人才推进计划，发展改革委管理的国家工程实验室、国家工程研究中心、国家认定企业技术中心等合理归并，进一步优化布局，按功能定位分类整合。加强相关人才计划的顶层设计和相互衔接。在此基础上调整相关财政专项资金。

**适用范围**

创新基地归并整合为科学与工程研究（国家实验室、国家重点实验室）、技术创新与成果转化（国家工程研究中心、国家技术创新中心、国家临床医学研究中心）和基础支撑与条件保障（国家科技资源共享服务平台、国家野外科学观测研究站）3 类。创新人才推进计划重点支持国家“万人计划”科技创新领军人才、科技创业领军人才、创新人才培养示范基地。

**政策内容**

创新基地和人才专项支持方式和标准见各项目管理办法和申报通知。

**申报流程**

创新基地和人才专项的具体项目申报流程见各项目相关管理办法、申报通知等文件。

## 六、国家国际科技合作专项

**政策依据**

《科技部关于发布国家重点研发计划“政府间国际科技创新合作 / 港澳台科技创新合作”重点专项 2019 年度第一批项目申报指南的通知》（国科发资〔2019〕123 号）

**适用范围**

国家国际科技合作专项是中国政府于 2001 年在国家层面设立的，旨在通过统筹、整合中国产学研的科技力量广泛、深入地开展国际科技合作与交流，有效利用全球科技资源，提高科技创新能力，共同推进全人类科技进步的科技计划。2019 年，本专项继续支持我国与相关国家、地区、国际组织和多边机制签署的有关政府间协议框架下开展的各类国际科技创新合作与交流项目，项目任务涉及政府间科技合作层面共同关注的科学、技术和工程问题，以及通过科技创新合作应对全球性重大挑战的有关问题等。本专项也设立内地与香港、澳门联合资助研发项目，大陆与台湾联合资助研发项目。

**政策内容**

具体支持方式和额度见年度项目指南。

**申请条件**

1. 支持重点。2019 年第一批项目将设立 17 个指南方向，支持与 14 个国家、地区、国际组织和多边合作机制开展科技合作，项目任务数 160 ～ 162 项，每个项目实施周期一般为 2 ～ 3 年。具体支持内容见年度项目指南。

2. 主要条件。项目牵头申报单位和参与单位应为中国大陆境内注册的科研院所、高等学校和企业等，具有独立法人资格，注册时间为 2018 年 3 月 31 日前，有较强的科技研发能力和条件，具有良好国际合作基础，运行管理规范。国家机关不得牵头或参与申报。项目负责人须具有高级职称或博士学位，1959 年 1 月 1 日以后出生，每年用于项目的工作时间不得少于 6 个月。项目负责人原则上应为该项目主体研究思路的提出者和实际主持研究的科技人员。中央和地方各级国家机关的公务人员（包括行使科技计划管理职能的其他人员）不得申报项目。其他要求见年度项目指南。

**申报流程**

指南发布。科技部会同有关部门遵循国家重点研发计划项目形成机制，编制形成了国家重点研发计划政府间国际科技创新合作 / 港澳台科技创新合作重点专项年度项目申报指南。

↓

预申报和首轮评审。申报单位在国家科技管理信息系统预申报。各推荐单位加强对所推荐的项目申报材料审核把关，按时将推荐项目通过国家科技管理信息系统统一报送。中国科学技术交流中心在受理项目预申报后，组织形式审查，并开展首轮评审工作。

↓

正式申报和答辩立项。申报单位收到答辩评审的通知后，通过国家科技管理信息系统填写并提交项目正式申报书。中国科学技术交流中心对进入正式评审的项目申报书进行形式审查，并组织答辩评审，择优立项。

## 七、科技基础性工作专项

### 政策依据

《中央级科研院所科技基础性工作专项资金管理暂行办法》（国科发财字〔2000〕176号）

《国家重点研发计划项目综合绩效评价工作规范（试行）》（国科办资〔2018〕107号）

《关于开展科技基础性工作专项项目综合绩效评价工作的通知》（国科基函〔2019〕4号）

### 政策介绍

科技基础性工作一般指围绕国民经济社会发展和科学研究的需求而开展的获取自然本底情况和基础科学数据、系统编研或共享科技资料和科学数据、采集保存自然科技资源、制定科学标准规范、研制标准物质等科学活动的统称。从“十五”开始，科技部、财政部共同实施了科技基础性工作专项。

### 适用范围

专项资金主要支持中央级科研院所（不含转制为企业的原中央级科研院所）科技基础性工作的开展。

### 政策内容

专项资金按照批准的项目（任务）采取一次性补助的支持方式，每个项目的支持额度为30万～500万元。

**申报流程**

项目申报。各单位根据科技部发布的《中央级科研院所科技基础性工作专项资金支持重点》的要求，按规定的时间和要求填写《中央级科研院所科技基础性工作专项资金项目申报书》报送科技部。

↓

项目审批。科技部组织专家对申报项目以评审或评议方式进行审查，对专项资金项目及其预算提出意见。

↓

资金下达。科技部会同财政部审定专项资金的支持项目及其预算后，由科技部向科研院所下达专项资金通知，并拨付项目经费。

## 八、创新方法工作专项

**政策依据**

《科技部关于发布创新方法工作专项2019年度项目申报指南的通知》（国科发区〔2019〕291号）

**适用范围**

创新方法工作是一项基础性、长期性的科技工作，是从源头上增强自主创新能力和推进创新型国家建设的重要举措。本专项以实施创新驱动发展战略和建设创新型国家的重大需求为导向，重点开展提升科研与企业创新效率和质量的方法研究、工具平台开发、试点示范与应用推广。本专项以项目为单元组织申报，不直接支持具体的技术开发活动，项目执行期2～3年。

**政策内容**

给予相关中央财政经费支持。

**申请条件**

1. 支持重点。本年度重点支持创新方法区域推广应用与示范、创新方法新系统研究、创新方法与教育创新融合发展研究与示范、促进科技成果转移转化与重点区域发展的创新方法研究与推广应用示范、重大科技领域创新方法研究与应用等五大方向。

2. 主要条件。申报单位为在中国境内登记注册的科研院所、高等学校和企业等法人单位，注册时间在 2018 年 5 月 31 日前；政府机关不得作为申报单位进行申报。项目及下设任务（课题）负责人申报项目当年不超过 55 周岁（1964 年 1 月 1 日以后出生）。其他要求见年度申报指南。

**申报流程**

指南发布。科技部在国家科技管理信息系统发布年度项目申报指南。

↓

项目申报。申报单位根据指南要求，通过国家科技管理信息系统填写并提交项目申报书及相关资料。推荐单位需按时将推荐项目通过国家科技管理信息系统报送。

↓

答辩评审。专业机构在受理项目申报后，组织形式审查，并组织会议答辩评审。

# 第二部分　税收优惠

**导读**　税收优惠是国家运用税收政策在税收法律、行政法规中规定对某一部分特定企业和课税对象给予减轻或免除税收负担的一种措施。随着国家财税体制改革的深化，税收优惠政策激励科技创新的作用不断凸显。党的十八大以来，我国已初步形成以企业所得税优惠为主，全方位、惠及面广的保护和激励创新税收政策体系，有效降低了税负，增强现金流，为企业创新提供了良好的外部动力。

## 一、高新技术企业认定及税收优惠

### 政策依据

《高新技术企业认定管理办法》（国科发火〔2016〕32 号）

《高新技术企业认定管理工作指引》（国科发火〔2016〕195 号）

《中华人民共和国企业所得税法》（2018 年修订）

《中华人民共和国企业所得税法实施条例》（中华人民共和国国务院令第 714 号）

《财政部　国家税务总局关于将国家自主创新示范区有关税收试点政策推广到全国范围实施的通知》（财税〔2015〕116 号）

《国家税务总局关于股权奖励和转增股本个人所得税征管问题的公告》（国家税务总局公告 2015 年第 80 号）

《国家税务总局关于实施高新技术企业所得税优惠政策有关问题的公告》（国家税务总局公告 2017 年第 24 号）

《财政部　税务总局关于企业职工教育经费税前扣除政策的通知》（财税

〔2018〕51 号）

《财政部　税务总局关于延长高新技术企业和科技型中小企业亏损结转年限的通知》（财税〔2018〕76 号）

**适用范围**

经相关主管部门认定的高新技术企业。

**政策内容**

1. 国家重点扶持的高新技术企业减按 15% 税率征收企业所得税。

2. 企业发生的职工教育经费支出，不超过工资薪金总额 8% 的部分，准予在计算企业所得税应纳税所得额时扣除；超过部分，准予在以后纳税年度结转扣除。

3. 自 2018 年 1 月 1 日起，当年具备高新技术企业或科技型中小企业资格（以下统称资格）的企业，其具备资格年度之前 5 个年度发生的尚未弥补完的亏损，准予结转以后年度弥补，最长结转年限由 5 年延长至 10 年。

4. 高新技术企业转化科技成果，给予本企业相关技术人员的股权奖励，个人一次缴纳税款有困难的，可根据实际情况自行制定分期缴税计划，在不超过 5 个公历年度内（含）分期缴纳，并将有关资料报主管税务机关备案。

5. 中小高新技术企业以未分配利润、盈余公积、资本公积向个人股东转增股本时，个人股东一次缴纳个人所得税确有困难的，可根据实际情况自行制定分期缴税计划，在不超过 5 个公历年度内（含）分期缴纳，并将有关资料报主管税务机关备案。

**申请条件**

1. 支持范围。企业主要产品（服务）发挥核心支持作用的技术属于《国家重点支持的高新技术领域》规定的范围：电子信息、生物与新医药、航空航天、新材料、高技术服务、新能源与节能、资源与环境、先进制造与自动化。

2. 认定条件。须同时满足《高新技术企业认定管理办法》第十一条规定的高新技术企业认定条件：①企业申请认定时须注册成立一年以上；②企业通过自主研发、受让、受赠、并购等方式，获得对其主要产品（服务）在技术上发挥核心支持作用的知识产权的所有权；③企业从事研发和相关技术创新活动的科技人员占企业当年职工总数的比例不低于10%；④企业近3个会计年度（实际经营期不满3年的按实际经营时间计算，下同）的研究开发费用总额占同期销售收入总额的比例符合以下要求：最近一年销售收入小于5,000万元（含）的企业，比例不低于5%；最近一年销售收入在5000万～2亿元（含）的企业，比例不低于4%；最近一年销售收入在2亿元以上的企业，比例不低于3%。其中，企业在中国境内发生的研究开发费用总额占全部研究开发费用总额的比例不低于60%；⑤近一年高新技术产品（服务）收入占企业同期总收入的比例不低于60%；⑥企业创新能力评价应达到相应要求；⑦企业申请认定前一年内未发生重大安全、重大质量事故或严重环境违法行为。

**认定流程**

自我评价。企业应对照《认定办法》和本《工作指引》进行自我评价。

↓

注册登记。企业登录“高新技术企业认定管理工作网”，按要求填写《企业注册登记表》，并通过网络系统提交至认定机构。认定机构核对企业注册信息，确认激活后，企业可以开展后续申报工作。

↓

提交材料。企业登录“高新技术企业认定管理工作网”，按要求填写《高新技术企业认定申请书》，通过网络系统提交至认定机构，并向认定机构提交相关书面材料。

↓

专家评审。认定机构收到企业申请材料后，根据企业主营产品（服务）的核心技术所属技术领域组织专家评审，按分数平均值填写《高新技术企业认定专家组综合评价表》。具备条件的地区可进行网络评审。

↓

公示公告。经认定报备的企业名单，由领导小组办公室在“高新技术企业认定管理工作网”公示10个工作日。无异议的，予以备案，认定时间以公示时间为准，核发证书编号，并在“高新技术企业认定管理工作网”上公告企业名单，由认定机构颁发统一印制的“高新技术企业证书”。

## 二、技术先进型服务业企业认定及税收优惠

### 政策依据

《关于将技术先进型服务企业所得税政策推广至全国实施的通知》（财税〔2017〕79号）

《全国技术先进型服务企业业务办理管理平台指引（试行）》（国科火字〔2017〕227号）

《关于将服务贸易创新发展试点地区技术先进型服务企业所得税政策推广至全国实施的通知》（财税〔2018〕44号）

### 适用范围

经相关主管部门认定的技术先进型服务企业。

### 政策内容

自2017年1月1日起，在全国范围内实行以下企业所得税优惠政策：

1. 对经认定的技术先进型服务企业，减按15%的税率征收企业所得税。

2. 经认定的技术先进型服务企业发生的职工教育经费支出，不超过工资薪金总额8%的部分，准予在计算应纳税所得额时扣除；超过部分，准予在以后纳税年度结转扣除。

### 申请条件

1. 在中国境内（不包括港、澳、台地区）注册的法人企业。

2. 从事《技术先进型服务业务认定范围（试行）》中的一种或多种技术先进型服务业务，采用先进技术或具备较强的研发能力。

业务领域范围（服务贸易类）内容如下：计算机和信息服务（信息系统集成服务、数据服务），研究开发和技术服务（研究和实验开发服务、工业设计服务、知识产权跨境许可与转让），文化技术服务（文化产品数字制作及相关服务，文化产品的对外翻译、配音及制作服务），中医药医疗服务（中医药医疗保健及相关服务）。

3. 具有大专以上学历的员工占企业职工总数的 50% 以上。

4. 从事《技术先进型服务业务认定范围（试行）》中的技术先进型服务业务取得的收入占企业当年总收入的 50% 以上。

5. 从事离岸服务外包业务取得的收入不低于企业当年总收入的 35%。

**认定流程**

注册登记。企业登录“全国技术先进型服务企业业务办理管理平台”，按要求填写《企业注册登记表》，提交至认定机构（根据各省管理办法指定机构）。认定机构在线核对企业注册信息，确认激活后，企业可以开展后续申报工作。

↓

提交材料。企业登录“全国技术先进型服务企业业务办理管理平台”，按要求填报《全国技术先进型服务企业认定（复核）申请表》及上传省级部门要求提交的相关证明材料，同时报送纸质《申请表》（加盖企业公章）至省级科技部门。

↓

省级部门认定。省级部门（或委托认定机构）对企业注册信息进行审核认证，认证通过后，对申请企业《申请表》进行形式审查和对申请企业进行联合评审，对评审通过的企业公示无异议后发文认定。

↓

认定（复核）备案。省级部门将认定企业名单通过“全国技术先进型服务企业业务办理管理平台”报备，同时报送认定文件和备案函至科技部火炬中心，由科技部火炬中心给予备案编号。

## 三、研发费用加计扣除政策

### 政策依据

《财政部　国家税务总局　科技部关于完善研究开发费用税前加计扣除政策的通知》（财税〔2015〕119 号）

《国家税务总局关于企业研究开发费用税前加计扣除政策有关问题的公告》（国家税务总局公告 2015 年第 97 号）

《国家税务总局关于研发费用税前加计扣除归集范围有关问题的公告》（国家税务总局公告 2017 年第 40 号）

《财政部　税务总局科技部关于提高研究开发费用税前加计扣除比例的通知》（财税〔2018〕99 号）

### 适用范围

会计核算健全、实行查账征收并能够准确归集研发费用的居民企业，不属于国家规定的不适用税前加计扣除政策的行业和不适用税前加计扣除政策的活动。

| 不适用税前加计扣除政策的行业 | 不适用税前加计扣除政策的活动 |
|---|---|
| 1. 烟草制造业 | 1. 企业产品（服务）的常规性升级 |
| 2. 住宿和餐饮业 | 2. 对某项科研成果的直接应用，如直接采用公开的新工艺、材料、装置、产品、服务或知识等 |
| 3. 批发和零售业 | 3. 企业在商品化后为顾客提供的技术支持活动 |
| 4. 房地产业 | 4. 对现存产品、服务、技术、材料或工艺流程进行的重复或简单改变 |

续表

| | |
|---|---|
| 5. 租赁和商务服务业 | 5. 市场调查研究、效率调查或管理研究 |
| 6. 娱乐业 | 6. 作为工业（服务）流程环节或常规的质量控制、测试分析、维修维护 |
| 7. 财政部和国家税务总局规定的其他行业 | 7. 社会科学、艺术或人文学方面的研究 |
| 备注：上述行业以《国民经济行业分类与代码（GB / T 4754—2011）》为准，并随之更新 | |

### 政策内容

1.2018 年 1 月 1 日至 2020 年 12 月 31 日，企业开展研发活动中实际发生的研发费用，未形成无形资产计入当期损益的，在按规定据实扣除的基础上，按照实际发生额的 75%，在税前加计扣除。

2.2018 年 1 月 1 日至 2020 年 12 月 31 日，企业开展研发活动中实际发生的研发费用形成无形资产的，按照无形资产成本的 175% 在税前摊销。

### 符合条件

1. 企业应按照财务会计制度要求，对研发支出进行会计处理；同时，对享受加计扣除的研发费用按研发项目设置辅助账，准确归集核算当年可加计扣除的各项研发费用实际发生额。企业在一个纳税年度内进行多项研发活动的，应按照不同研发项目分别归集可加计扣除的研发费用。

2. 企业应对研发费用和生产经营费用分别核算，准确、合理归集各项费用支出，对划分不清的，不得实行加计扣除。

3. 企业委托外部机构或个人进行研发活动所发生的费用，按照费用实际发生额的 80% 计入委托方研发费用并计算加计扣除。无论委托方是否享受研发费用税前加计扣除政策，受托方均不得加计扣除。

委托外部研究开发费用实际发生额应按照独立交易原则确定。委托方与受托方存在关联关系的，受托方应向委托方提供研发项目费用支出明细情况。

4. 企业共同合作开发的项目，由合作各方就自身实际承担的研发费用分别计算加计扣除。

5. 企业集团根据生产经营和科技开发的实际情况，对技术要求高、投资数额大，需要集中研发的项目，其实际发生的研发费用，可以按照权利和义务相一致、费用支出和收益分享相配比的原则，合理确定研发费用的分摊方法，在受益成员企业间进行分摊，由相关成员企业分别计算加计扣除。

6. 企业为获得创新性、创意性、突破性的产品进行创意设计活动而发生的相关费用，可按照规定进行税前加计扣除。

### 办理流程

办理流程咨询当地税务主管部门。

## 四、委托境外研发费用加计扣除政策

### 政策依据

《财政部　国家税务总局科技部关于完善研究开发费用税前加计扣除政策的通知》（财税〔2015〕119 号）

《国家税务总局关于企业研究开发费用税前加计扣除政策有关问题的公告》（国家税务总局公告 2015 年第 97 号）

《财政部　税务总局 科技部关于企业委托境外研究开发费用税前加计扣除有关政策问题的通知》（财税〔2018〕64 号）

《财政部　税务总局关于提高研究开发费用税前加计扣除比例的通知》（财税〔2018〕99 号）

### 适用范围

会计核算健全、实行查账征收并能够准确归集研发费用的居民企业。

### 政策内容

委托境外进行研发活动所发生的费用，按照费用实际发生额的 80% 计入委托方的委托境外研发费用。委托境外研发费用不超过境内符合条件的研发费用2/3的部分，可以按规定在企业所得税前加计扣除。

#### 符合条件

1. 上述费用实际发生额应按照独立交易原则确定。委托方与受托方存在关联关系的，受托方应向委托方提供研发项目费用支出明细情况。

2. 委托境外进行研发活动应签订技术开发合同，并由委托方到科技行政主管部门进行登记。相关事项按技术合同认定登记管理办法及技术合同认定规则执行。

3. 委托境外进行研发活动不包括委托境外个人进行的研发活动。

#### 办理流程

办理流程咨询当地税务主管部门。

### 五、固定资产加速折旧或一次性扣除政策

#### 政策依据

《国家税务总局关于固定资产加速折旧税收政策有关问题的公告》（国家税务总局公告2014年第64号）

《财政部　国家税务总局关于完善固定资产加速折旧企业所得税政策的通知》（财税〔2014〕75号）

《财政部　税务总局关于设备器具扣除有关企业所得税政策的通知》（财税〔2018〕54号）

#### 适用范围

所有行业企业。

## 政策内容

1. 企业 2014 年 1 月 1 日后新购进的专门用于研发的仪器、设备，单位价值不超过 100 万元的，允许一次性计入当期成本费用在计算应纳税所得额时扣除，不再分年度计算折旧；单位价值超过 100 万元的，可缩短折旧年限或采取加速折旧的方法。缩短折旧年限的，最低折旧年限不得低于《企业所得税法实施条例》第六十条规定折旧年限的 60%；采取加速折旧方法的，可采取双倍余额递减法或者年数总和法。

2. 企业持有的单位价值不超过 5000 元的固定资产，允许一次性计入当期成本费用在计算应纳税所得额时扣除，不再分年度计算折旧。企业在 2013 年 12 月 31 日前持有的单位价值不超过 5000 元的固定资产，其折余价值部分，2014 年 1 月 1 日以后可以一次性在计算应纳税所得额时扣除。

3. 企业在 2018 年 1 月 1 日至 2020 年 12 月 31 日新购进的设备、器具，单位价值不超过 500 万元的，允许一次性计入当期成本费用在计算应纳税所得额时扣除，不再分年度计算折旧；单位价值超过 500 万元的，仍按《企业所得税法实施条例》、《财政部　国家税务总局关于完善固定资产加速折旧企业所得税政策的通知》（财税〔2014〕75 号）、《财政部　国家税务总局关于进一步完善固定资产加速折旧企业所得税政策的通知》（财税〔2015〕106 号）等相关规定执行。

## 符合条件

1. 前述第 1 项优惠中仪器、设备要专门用于研发，且单位价值不超过 100 万元。

2. 前述第 2 项优惠中固定资产单位价值不超过 5000 元。

3. 前述第 3 项优惠中设备、器具是指除房屋、建筑物以外的固定资产，且单位价值不超过 500 万元。

## 办理流程

办理流程咨询当地税务主管部门。

## 六、制造业及部分服务业企业符合条件的仪器、设备加速折旧政策

### 政策依据

《国家税务总局关于固定资产加速折旧税收政策有关问题的公告》（国家税务总局公告2014年第64号）

《财政部　国家税务总局关于完善固定资产加速折旧企业所得税政策的通知》（财税〔2014〕75号）

《财政部　国家税务总局关于进一步完善固定资产加速折旧企业所得税政策的通知》（财税〔2015〕106号）

《国家税务总局关于进一步完善固定资产加速折旧企业所得税政策有关问题的公告》（国家税务总局公告2015年第68号）

《财政部　税务总局关于扩大固定资产加速折旧优惠政策适用范围的公告》（财政部　税务总局公告2019年第66号）

### 适用范围

全部制造业领域及信息传输、软件和信息技术服务业企业。

### 政策内容

1. 生物药品制造业，专用设备制造业，铁路、船舶、航空航天和其他运输设备制造业，计算机、通信和其他电子设备制造业，仪器仪表制造业，信息传输、软件和信息技术服务业等6个行业的企业2014年1月1日后新购进的固定资产，可缩短折旧年限或采取加速折旧的方法。

2. 轻工、纺织、机械、汽车等4个领域重点行业的企业2015年1月1日后新购进的固定资产，可由企业选择缩短折旧年限或采取加速折旧的方法。

3. 自2019年1月1日起，适用《财政部　国家税务总局关于完善固定资产加速折旧企业所得税政策的通知》（财税〔2014〕75号）和《财政部　国家税务总局关于进一步完善固定资产加速折旧企业所得税政策的通知》（财

税〔2015〕106号）规定固定资产加速折旧优惠的行业范围，扩大至全部制造业领域。

4. 缩短折旧年限的，最低折旧年限不得低于《企业所得税法实施条例》第六十条规定折旧年限的60%；采取加速折旧方法的，可采取双倍余额递减法或者年数总和法。

### 符合条件

制造业及软件和信息技术服务业按照国家统计局《国民经济行业分类与代码（GB/T 4754—2017）》确定。今后国家有关部门更新国民经济行业分类与代码，从其规定。

### 办理流程

具体办理流程咨询当地税务主管部门。

## 七、重大技术装备进口免征增值税

### 政策依据

《财政部　工业和信息化部　海关总署　税务总局　能源局关于调整重大技术装备进口税收政策有关目录的通知》（财关税〔2019〕38号）

《财政部　工业和信息化部　海关总署　税务总局　能源局关于印发〈重大技术装备进口税收政策管理办法〉的通知》（财关税〔2020〕2号）

《工业和信息化部等部门关于印发〈重大技术装备进口税收政策管理办法实施细则〉的通知》（工信部联财〔2020〕118号）

### 政策内容

对符合规定条件的企业及核电项目业主为生产《国家支持发展的重大技术装备和产品目录》内的装备或产品而确有必要进口《重大技术装备和产品进口

关键零部件及原材料商品目录》内的部分关键零部件及原材料，免征关税和进口环节增值税。

### 符合条件

1. 申请享受重大技术装备进口税收政策的企业一般应为生产国家支持发展的重大技术装备或产品的企业，承诺具备较强的设计研发和生产制造能力及专业比较齐全的技术人员队伍，并应当同时满足以下条件：

（1）独立法人资格；

（2）不存在违法和严重失信行为；

（3）具有核心技术和知识产权；

（4）申请享受政策的重大技术装备和产品应符合《国家支持发展的重大技术装备和产品目录》有关要求。

2. 申请享受重大技术装备进口税收政策的核电项目业主应为核电领域承担重大技术装备依托项目的业主。

### 办理流程

1. 工业和信息化部会同财政部、海关总署、税务总局、能源局核定企业及核电项目业主免税资格，每年对新申请享受进口税收政策的企业及核电项目业主进行认定，每三年对已享受进口税收政策的企业及核电项目业主进行复核。

2. 取得免税资格的企业及核电项目业主可向主管海关提出申请，选择放弃免征进口环节增值税，只免征进口关税。企业及核电项目业主主动放弃免征进口环节增值税后，36 个月内不得再次申请免征进口环节增值税。

3. 取得免税资格的企业及核电项目业主应按照《中华人民共和国海关进出口货物减免税管理办法》（海关总署令第 179 号）及海关有关规定办理有关重大技术装备或产品进口关键零部件及原材料的减免税手续。

## 八、民口科技重大专项项目进口免征增值税

### 政策依据

《财政部　科技部　国家发展改革委　海关总署　国家税务总局关于科技重大专项进口税收政策的通知》（财关税〔2010〕28号）

《财政部　科技部　发展改革委　海关总署　税务总局关于取消科技重大专项进口税收政策免税额度管理的通知》（财关税〔2019〕52号）

### 适用范围

承担《国家中长期科学和技术发展规划纲要（2006—2020年）》中民口科技重大专项项目（课题）的企业和大专院校、科研院所等事业单位（以下简称项目承担单位）。

### 优惠内容

自2010年7月15日起，对项目承担单位使用中央财政拨款、地方财政资金、单位自筹资金及其他渠道获得的资金进口项目（课题）所需国内不能生产的关键设备（含软件工具及技术）、零部件、原材料，免征进口关税和进口环节增值税。

### 符合条件

1. 申请享受本规定进口税收政策的项目承担单位应当具备以下条件：

（1）独立的法人资格；

（2）经科技重大专项领导小组批准承担重大专项任务。

2. 项目承担单位申请免税进口的设备、零部件、原材料应当符合以下要求：

（1）直接用于项目（课题）的科学研究、技术开发和应用；

（2）国内不能生产或者国产品性能不能满足要求的，且价值较高；

（3）申请免税进口设备的主要技术指标一般应优于当前实施的《国内投资项目不予免税的进口商品目录》所列设备。

3. 民口科技重大专项，包括核心电子器件、高端通用芯片及基础软件产品，极大规模集成电路制造装备及成套工艺，新一代宽带无线移动通信网，高档数控机床与基础制造装备，大型油气田及煤层气开发，大型先进压水堆及高温气冷堆核电站，水体污染控制与治理，转基因生物新品种培育，重大新药创制，艾滋病和病毒性肝炎等重大传染病防治。

**办理流程**

办理流程咨询当地税务主管部门。

## 九、企业职工教育经费税收优惠

**政策依据**

《中华人民共和国企业所得税法实施条例》第四十二条

《财政部　税务总局关于企业职工教育经费税前扣除政策的通知》（财税〔2018〕51 号）

**适用范围**

所有企业。

**优惠内容**

企业发生的职工教育经费支出，不超过工资薪金总额 8% 的部分，准予在计算企业所得税应纳税所得额时扣除；超过部分，准予在以后纳税年度结转扣除。

**符合条件**

发生职工教育经费支出。

**办理流程**

办理流程咨询当地税务主管部门。

## 十、软件企业税收优惠

### 政策依据

《财政部　国家税务总局关于软件产品增值税政策的通知》（财税〔2011〕100号）

《财政部　国家税务总局关于进一步鼓励软件产业和集成电路产业发展企业所得税政策的通知》（财税〔2012〕27号）

《财政部　国家税务总局　发展改革委　工业和信息化部关于软件和集成电路产业企业所得税优惠政策有关问题的通知》（财税〔2016〕49号）

《国家发展和改革委员会关于印发国家规划布局内重点软件和集成电路设计领域的通知》（发改高技〔2016〕1056号）

《财政部　税务总局关于调整增值税税率的通知》（财税〔2018〕32号）

《财政部　税务总局关于集成电路设计和软件产业企业所得税政策的公告》（财政部　税务总局公告2019年第68号）

《财政部　税务总局　海关总署关于深化增值税改革有关政策的公告》（财政部　税务总局　海关总署公告2019年第39号）

### 适用范围

1. 软件产品增值税超税负即征即退，适用于自行开发生产销售软件产品（包括将进口软件产品进行本地化改造后对外销售）的增值税一般纳税人。

2. 软件企业定期减免企业所得税，适用于依法成立且符合条件的软件企业。

3. 国家规划布局内重点软件企业企业所得税优惠，适用于国家规划布局内的重点软件企业。

4. 享受取得即征即退增值税款用于软件产品研发和扩大再生产企业所得税政策、外购软件缩短折旧或摊销年限，适用于符合相关条件的软件企业。

### 优惠内容

1. 软件产品增值税超税负即征即退。增值税一般纳税人销售其自行开发生产的软件产品，按 17%（编者注：自 2018 年 5 月 1 日起，原适用 17% 税率的调整为 16%；自 2019 年 4 月 1 日起，原适用 16% 税率的调整为 13%）税率征收增值税后，对其增值税实际税负超过 3% 的部分实行即征即退政策。

2. 软件企业定期减免企业所得税。依法成立且符合条件的软件企业，在 2018 年 12 月 31 日前自获利年度起计算优惠期，第一年至第二年免征企业所得税，第三年至第五年按照 25% 的法定税率减半征收企业所得税，并享受至期满为止。

3. 符合条件的国家规划布局内的重点软件企业，如当年未享受免税优惠的，可减按 10% 的税率征收企业所得税。

4. 符合条件的软件企业按照《财政部　国家税务总局关于软件产品增值税政策的通知》（财税〔2011〕100 号）规定取得的即征即退增值税款，由企业专项用于软件产品研发和扩大再生产并单独进行核算，可以作为不征税收入，在计算应纳税所得额时从收入总额中减除。

5. 符合条件的软件企业外购的软件，凡符合固定资产或无形资产确认条件的，可以按照固定资产或无形资产进行核算，其折旧或摊销年限可以适当缩短，最短可为 2 年（含）。

**符合条件**

1. 软件产品增值税超税负即征即退，享受优惠政策的软件产品，需要满足以下条件：

（1）取得省级软件产业主管部门认可的软件检测机构出具的检测证明材料。

（2）取得软件产业主管部门颁发的《软件产品登记证书》或著作权行政管理部门颁发的《计算机软件著作权登记证书》。

2. 软件企业定期减免企业所得税，软件企业是指以软件产品开发销售（营业）为主营业务并同时符合下列条件的企业：

（1）在中国境内（不包括港、澳、台地区）依法注册的居民企业。

（2）汇算清缴年度具有劳动合同关系且具有大学专科以上学历的职工人数

占企业月平均职工总人数的比例不低于40%，其中研究开发人员占企业月平均职工总数的比例不低于20%。

（3）拥有核心关键技术，并以此为基础开展经营活动，且汇算清缴年度研究开发费用总额占企业销售（营业）收入总额的比例不低于6%；其中，企业在中国境内发生的研究开发费用金额占研究开发费用总额的比例不低于60%。

（4）汇算清缴年度软件产品开发销售（营业）收入占企业收入总额的比例不低于50%［嵌入式软件产品和信息系统集成产品开发销售（营业）收入占企业收入总额的比例不低于40%］；其中，软件产品自主开发销售（营业）收入占企业收入总额的比例不低于40%［嵌入式软件产品和信息系统集成产品开发销售（营业）收入占企业收入总额的比例不低于30%］。

（5）主营业务拥有自主知识产权。

（6）具有与软件开发相适应的软硬件设施等开发环境（如合法的开发工具等）。

（7）汇算清缴年度未发生重大安全、重大质量事故或严重环境违法行为。

3. 国家规划布局内重点软件企业，是指以软件产品开发销售（营业）为主营业务并同时符合下列条件的企业：

（1）在中国境内（不包括港、澳、台地区）依法注册的居民企业。

（2）汇算清缴年度具有劳动合同关系且具有大学专科以上学历的职工人数占企业月平均职工总人数的比例不低于40%，其中研究开发人员占企业月平均职工总数的比例不低于20%。

（3）拥有核心关键技术，并以此为基础开展经营活动，且汇算清缴年度研究开发费用总额占企业销售（营业）收入总额的比例不低于6%；其中，企业在中国境内发生的研究开发费用金额占研究开发费用总额的比例不低于60%。

（4）汇算清缴年度软件产品开发销售（营业）收入占企业收入总额的比例不低于50%［嵌入式软件产品和信息系统集成产品开发销售（营业）收入占企业收入总额的比例不低于40%］；其中，软件产品自主开发销售（营业）收入占企业收入总额的比例不低于40%［嵌入式软件产品和信息系统集成产品开发销售（营业）收入占企业收入总额的比例不低于30%］。

（5）主营业务拥有自主知识产权。

（6）具有与软件开发相适应的软硬件设施等开发环境（如合法的开发工具等）。

（7）汇算清缴年度未发生重大安全、重大质量事故或严重环境违法行为。

（8）国家规划布局内重点软件企业除符合上述规定外，还应至少符合下列条件中的一项：

① 汇算清缴年度软件产品开发销售（营业）收入不低于2亿元，应纳税所得额不低于1000万元，研究开发人员占企业月平均职工总数的比例不低于25%；

② 在国家规定的重点软件领域内，汇算清缴年度软件产品开发销售（营业）收入不低于5000万元，应纳税所得额不低于250万元，研究开发人员占企业月平均职工总数的比例不低于25%，企业在中国境内发生的研究开发费用金额占研究开发费用总额的比例不低于70%；

③ 汇算清缴年度软件出口收入总额不低于800万美元，软件出口收入总额占本企业年度收入总额比例不低于50%，研究开发人员占企业月平均职工总数的比例不低于25%。

4. 享受取得即征即退增值税款用于软件产品研发和扩大再生产企业所得税政策的软件企业，是指以软件产品开发销售（营业）为主营业务并同时符合下列条件的企业：

（1）在中国境内（不包括港、澳、台地区）依法注册的居民企业。

（2）汇算清缴年度具有劳动合同关系且具有大学专科以上学历的职工人数占企业月平均职工总人数的比例不低于40%，其中研究开发人员占企业月平均职工总数的比例不低于20%。

（3）拥有核心关键技术，并以此为基础开展经营活动，且汇算清缴年度研究开发费用总额占企业销售（营业）收入总额的比例不低于6%；其中，企业在中国境内发生的研究开发费用金额占研究开发费用总额的比例不低于60%。

（4）汇算清缴年度软件产品开发销售（营业）收入占企业收入总额的比例不低于50%［嵌入式软件产品和信息系统集成产品开发销售（营业）收入占企

业收入总额的比例不低于 40%］；其中，软件产品自主开发销售（营业）收入占企业收入总额的比例不低于 40%［嵌入式软件产品和信息系统集成产品开发销售（营业）收入占企业收入总额的比例不低于 30%］。

（5）主营业务拥有自主知识产权。

（6）具有与软件开发相适应的软硬件设施等开发环境（如合法的开发工具等）。

（7）汇算清缴年度未发生重大安全、重大质量事故或严重环境违法行为。

5. 外购软件缩短折旧或摊销年限的软件企业，须符合固定资产或无形资产确认条件。

**办理流程**

办理流程咨询当地税务主管部门。

## 十一、集成电路企业税收优惠

**政策依据**

《财政部　国家税务总局关于退还集成电路企业采购设备增值税期末留抵税额的通知》（财税〔2011〕107 号）

《中华人民共和国增值税暂行条例实施细则》（中华人民共和国财政部　国家税务总局令第 65 号）第二十一条第二款

《财政部　国家税务总局关于进一步鼓励软件产业和集成电路产业发展企业所得税政策的通知》（财税〔2012〕27 号）

《财政部　国家税务总局　发展改革委　工业和信息化部关于进一步鼓励集成电路产业发展企业所得税政策的通知》（财税〔2015〕6 号）

《财政部　国家税务总局　发展改革委　工业和信息化部关于软件和集成电路产业企业所得税优惠政策有关问题的通知》（财税〔2016〕49 号）

《财政部　国家税务总局关于集成电路企业增值税期末留抵退税有关城市

维护建设税　教育费附加和地方教育附加政策的通知》（财税〔2017〕17号）

《财政部　税务总局　国家发展改革委　工业和信息化部关于集成电路生产企业有关企业所得税政策问题的通知》（财税〔2018〕27号）

《关于集成电路设计和软件产业企业所得税政策的公告》（财政部　税务总局公告2019年第68号）

《关于集成电路设计企业和软件企业2019年度企业所得税汇算清缴适用政策的公告》（财政部　税务总局公告2020年第29号）

**适用范围**

1. 集成电路重大项目企业增值税留抵税额退税，适用于国家批准的集成电路重大项目企业。

2. 定期减免企业所得税，适用于线宽小于0.8微米的集成电路生产企业、线宽小于0.25微米的集成电路生产企业、线宽小于65纳米的集成电路生产企业或项目、线宽小于130纳米的集成电路生产企业或项目、投资额超过80亿元的集成电路生产企业、投资额超过150亿元的集成电路生产企业或项目、集成电路设计企业、集成电路关键专用材料生产企业和集成电路专用设备生产企业。

3. 减按15%税率征收企业所得税，适用于线宽小于0.25微米的集成电路生产企业、投资额超过80亿元的集成电路生产企业。

4. 减按10%税率征收企业所得税，适用于国家规划布局内的集成电路设计企业。

5. 生产设备缩短折旧年限，适用于集成电路生产企业。

6. 享受增值税期末留抵退税政策，适用于集成电路企业。

**优惠内容**

1. 自2011年11月1日起，对国家批准的集成电路重大项目企业因购进设备形成的增值税期末留抵税额准予退还。

2. 定期减免企业所得税

（1）2017年12月31日前设立但未获利的集成电路线宽小于0.8微米（含）的集成电路生产企业，自获利年度起第一年至第二年免征企业所得税，第三年至第五年按照 25% 的法定税率减半征收企业所得税，并享受至期满为止。

（2）2017 年 12 月 31 日前设立但未获利的集成电路线宽小于 0.25 微米，且经营期在 15 年以上的集成电路生产企业，自获利年度起第一年至第五年免征企业所得税，第六年至第十年按照 25% 的法定税率减半征收企业所得税，并享受至期满为止。

（3）2017 年 12 月 31 日前设立但未获利的投资额超过 80 亿元，且经营期在 15 年以上的集成电路生产企业，自获利年度起第一年至第五年免征企业所得税，第六年至第十年按照 25% 的法定税率减半征收企业所得税，并享受至期满为止。

（4）2018 年 1 月 1 日后投资新设的集成电路线宽小于 65 纳米，且经营期在 15 年以上的集成电路生产企业或项目，第一年至第五年免征企业所得税，第六年至第十年按照 25% 的法定税率减半征收企业所得税，并享受至期满为止。

（5）2018 年 1 月 1 日后投资新设的集成电路线宽小于 130 纳米，且经营期在 10 年以上的集成电路生产企业或项目，第一年至第二年免征企业所得税，第三年至第五年按照 25% 的法定税率减半征收企业所得税，并享受至期满为止。

（6）2018 年 1 月 1 日后投资新设的集成电路投资额超过 150 亿元，且经营期在 15 年以上的集成电路生产企业或项目，第一年至第五年免征企业所得税，第六年至第十年按照 25% 的法定税率减半征收企业所得税，并享受至期满为止。

（7）依法成立且符合条件的集成电路设计企业，在 2019 年 12 月 31 日前自获利年度起计算优惠期，第一年至第二年免征企业所得税，第三年至第五年按照 25% 的法定税率减半征收企业所得税，并享受至期满为止。

（8）符合条件的集成电路封装、测试企业在 2017 年（含 2017 年）前实现获利的，自获利年度起，第一年至第二年免征企业所得税，第三年至第五年按照 25% 的法定税率减半征收企业所得税，并享受至期满为止；2017 年前未实现获利的，自 2017 年起计算优惠期，享受至期满为止。

（9）符合条件的集成电路关键专用材料生产企业或集成电路专用设备生产企业在 2017 年（含 2017 年）前实现获利的，自获利年度起，第一年至第二年免征企业所得税，第三年至第五年按照 25% 的法定税率减半征收企业所得税，并享受至期满为止；2017 年前未实现获利的，自 2017 年起计算优惠期，享受至期满为止。

3. 集成电路线宽小于 0.25 微米的集成电路生产企业、投资额超过 80 亿元的集成电路生产企业，减按 15% 的税率征收企业所得税。

4. 国家规划布局内的集成电路设计企业，如当年未享受免税优惠的，可减按 10% 的税率征收企业所得税。

5. 集成电路生产企业的生产设备，其折旧年限可以适当缩短，最短可为 3 年（含）。

6. 自 2017 年 2 月 24 日起，享受增值税期末留抵退税政策的集成电路企业，其退还的增值税期末留抵税额，应在城市维护建设税、教育费附加和地方教育附加的计税（征）依据中予以扣除。

**符合条件**

1. 集成电路重大项目企业增值税留抵税额退税

（1）属于国家批准的集成电路重大项目企业；

（2）购进的设备应属于《中华人民共和国增值税暂行条例实施细则》第二十一条第二款规定的固定资产范围。

2. 定期减免企业所得税，减按 15% 税率征收企业所得税、生产设备缩短折旧年限等政策中的集成电路生产企业，是指以单片集成电路、多芯片集成电路、混合集成电路制造为主营业务并同时符合下列条件的企业：

（1）在中国境内（不包括港、澳、台地区）依法注册并在发展改革、工业和信息化部门备案的居民企业。

（2）汇算清缴年度具有劳动合同关系或劳务派遣、聘用关系且具有大学专科以上学历职工人数占企业月平均职工总人数的比例不低于 40%，其中研究开发人员占企业月平均职工总数的比例不低于 20%。

（3）拥有核心关键技术，并以此为基础开展经营活动，且汇算清缴年度研究开发费用总额占企业销售（营业）收入总额的比例不低于 2%；其中，企业在中国境内发生的研究开发费用金额占研究开发费用总额的比例不低于 60%；同时企业应持续加强研发活动，不断提高研发能力。

（4）汇算清缴年度集成电路制造销售（营业）收入占企业收入总额的比例不低于 60%。

（5）具有保证产品生产的手段和能力，并获得有关资质认证（包括 ISO 质量体系认证）。

（6）汇算清缴年度未发生重大安全、重大质量事故或严重环境违法行为。

3. 定期减免企业所得税政策中，集成电路生产企业或生产项目除满足上述要求外，还应符合以下要求：

（1）对于按照集成电路生产企业享受本税收优惠政策的，优惠期自企业获利年度起计算；对于按照集成电路生产项目享受上述优惠的，优惠期自项目取得第一笔生产经营收入所属纳税年度起计算。

（2）享受本税收优惠政策的集成电路生产项目，其主体企业应符合集成电路生产企业条件，且能够对该项目单独进行会计核算、计算所得，并合理分摊期间费用。

4. 国家规划布局内的集成电路设计企业减按 10% 税率征收企业所得税，其中的集成电路设计企业、国家规划布局内重点集成电路设计企业应符合以下要求：

（1）集成电路设计企业是指以集成电路设计为主营业务并同时符合下列条件的企业：

① 在中国境内（不包括港、澳、台地区）依法注册的居民企业。

② 汇算清缴年度具有劳动合同关系且具有大学专科以上学历的职工人数占企业月平均职工总人数的比例不低 40%，其中研究开发人员占企业月平均职工总数的比例不低于 20%。

③ 拥有核心关键技术，并以此为基础开展经营活动，且汇算清缴年度研究开发费用总额占企业销售（营业）收入总额的比例不低于 6%；其中，企业在中国境内发生的研究开发费用金额占研究开发费用总额的比例不低于 60%。

④ 汇算清缴年度集成电路设计销售（营业）收入占企业收入总额的比例不低于 60%，其中集成电路自主设计销售（营业）收入占企业收入总额的比例不

低于 50%。

⑤ 主营业务拥有自主知识产权。

⑥ 具有与集成电路设计相适应的软硬件设施等开发环境（如 EDA 工具、服务器或工作站等）。

⑦ 汇算清缴年度未发生重大安全、重大质量事故或严重环境违法行为。

（2）国家规划布局内重点集成电路设计企业除符合上述规定外，还应至少符合下列条件中的一项：

① 汇算清缴年度集成电路设计销售（营业）收入不低于 2 亿元，年应纳税所得额不低于 1000 万元，研究开发人员占月平均职工总数的比例不低于 25%。

② 在国家规定的重点集成电路设计领域内，汇算清缴年度集成电路设计销售（营业）收入不低于 2000 万元，应纳税所得额不低于 250 万元，研究开发人员占月平均职工总数的比例不低于 35%，企业在中国境内发生的研发开发费用金额占研究开发费用总额的比例不低于 70%。

5. 集成电路设计企业定期减免企业所得税，其中的集成电路设计企业是指以集成电路设计为主营业务并同时符合下列条件的企业：

（1）在中国境内（不包括港、澳、台地区）依法注册的居民企业。

（2）汇算清缴年度具有劳动合同关系且具有大学专科以上学历的职工人数占企业月平均职工总人数的比例不低 40%，其中研究开发人员占企业月平均职工总数的比例不低于 20%。

（3）拥有核心关键技术，并以此为基础开展经营活动，且汇算清缴年度研究开发费用总额占企业销售（营业）收入总额的比例不低于 6%；其中，企业在中国境内发生的研究开发费用金额占研究开发费用总额的比例不低于 60%。

（4）汇算清缴年度集成电路设计销售（营业）收入占企业收入总额的比例不低于 60%，其中集成电路自主设计销售（营业）收入占企业收入总额的比例不低于 50%。

（5）主营业务拥有自主知识产权。

（6）具有与集成电路设计相适应的软硬件设施等开发环境（如 EDA 工具、服务器或工作站等）。

（7）汇算清缴年度未发生重大安全、重大质量事故或严重环境违法行为。

6. 集成电路封装、测试企业定期减免企业所得税，其中的集成电路封装、测试企业必须同时满足以下条件：

（1）2014 年 1 月 1 日后依法在中国境内成立的法人企业。

（2）签订劳动合同关系且具有大学专科以上学历的职工人数占企业当年月平均职工总人数的比例不低于 40%，其中，研究开发人员占企业当年月平均职工总数的比例不低于 20%。

（3）拥有核心关键技术，并以此为基础开展经营活动，且当年度的研究开发费用总额占企业销售（营业）收入总额的比例不低于 5%，其中，企业在中国境内发生的研究开发费用金额占研究开发费用总额的比例不低于 60%。

（4）集成电路关键专用材料或专用设备销售收入占企业销售（营业）收入总额的比例不低于 30%。

（5）具有保证集成电路关键专用材料或专用设备产品生产的手段和能力，并获得有关资质认证（包括 ISO 质量体系认证、人力资源能力认证等）。

（6）具有与集成电路关键专用材料或专用设备生产相适应的经营场所、软硬件设施等基本条件。

7. 集成电路关键专用材料生产企业、集成电路专用设备生产企业定期减免企业所得税，其中的生产企业必须同时满足以下条件：

（1）2014 年 1 月 1 日后依法在中国境内成立的法人企业。

（2）签订劳动合同关系且具有大学专科以上学历的职工人数占企业当年月平均职工总人数的比例不低于 40%，其中，研究开发人员占企业当年月平均职工总数的比例不低于 20%。

（3）拥有核心关键技术，并以此为基础开展经营活动，且当年度的研究开发费用总额占企业销售（营业）收入总额的比例不低于 5%，其中，企业在中国境内发生的研究开发费用金额占研究开发费用总额的比例不低于 60%。

（4）集成电路关键专用材料或专用设备销售收入占企业销售（营业）收入总额的比例不低于 30%。

（5）具有保证集成电路关键专用材料或专用设备产品生产的手段和能力，

并获得有关资质认证（包括ISO质量体系认证、人力资源能力认证等）。

（6）具有与集成电路关键专用材料或专用设备生产相适应的经营场所、软硬件设施等基本条件。

8. 集成电路企业退还的增值税期末留抵税额在城市维护建设税、教育费附加和地方教育附加的计税（征）依据中扣除，其中的集成电路企业根据《财政部　国家税务总局关于退还集成电路企业采购设备增值税期末留抵税额的通知》（财税〔2011〕107号）规定。

**办理流程**

办理流程咨询当地税务主管部门。

## 十二、动漫企业税收优惠

**政策依据**

《文化部　财政部　国家税务总局关于印发〈动漫企业认定管理办法（试行）〉的通知》（文市发〔2008〕51号）

《财政部　国家税务总局关于扶持动漫产业发展有关税收政策问题的通知》（财税〔2009〕65号）第二条、第四条

《财政部　海关总署　国家税务总局关于动漫企业进口动漫开发生产用品税收政策的通知》（财关税〔2016〕36号）

《财政部　税务总局关于延续动漫产业增值税政策的通知》（财税〔2018〕38号）

《财政部　税务总局　海关总署关于深化增值税改革有关政策的公告》（财政部　税务总局　海关总署公告2019年第39号）第一条

《文化和旅游部产业发展司关于2019年动漫企业认定工作有关事项的通知》

## 适用范围

符合相关条件的动漫企业。

## 优惠内容

1. 动漫企业增值税超税负即征即退

（1）自 2018 年 1 月 1 日至 2018 年 4 月 30 日，对动漫企业增值税一般纳税人销售其自主开发生产的动漫软件，按照 17% 的税率征收增值税后，对其增值税实际税负超过 3% 的部分，实行即征即退政策。

（2）自 2018 年 5 月 1 日至 2020 年 12 月 31 日，对动漫企业增值税一般纳税人销售其自主开发生产的动漫软件，按照 16% 的税率征收增值税后，对其增值税实际税负超过 3% 的部分，实行即征即退政策。（编者注：自 2019 年 4 月 1 日起，增值税一般纳税人发生增值税应税销售行为或者进口货物，原适用 16% 税率的，税率调整为 13%。）

2. 动漫企业进口符合条件的商品免征增值税

自 2016 年 1 月 1 日至 2020 年 12 月 31 日，经国务院有关部门认定的动漫企业自主开发、生产动漫直接产品，确需进口的商品可享受免征进口环节增值税。

3. 符合条件的动漫企业定期减免企业所得税

经认定的动漫企业自主开发、生产动漫产品，可申请享受国家现行鼓励软件产业发展的所得税优惠政策，在 2018 年 12 月 31 日前自获利年度起计算优惠期，第一年至第二年免征企业所得税，第三年至第五年按照 25% 的法定税率减半征收企业所得税，并享受至期满为止。

## 符合条件

1. 享受增值税超税负即征即退或定期减免企业所得税的动漫企业须按照《动漫企业认定管理办法（试行）》规定，通过认定。

2. 动漫企业进口符合条件的商品免征增值税，享受政策的动漫企业应符合文化部等相关部门制定的动漫企业认定基本标准，具备自主开发、生产动漫直接产品的资质和能力。其自主开发、生产动漫直接产品，确需进口《动漫企业免税进口动漫开发生产用品清单》列明的商品。

**办理流程**

办理流程咨询当地税务主管部门。

## 十三、科技企业孵化器、大学科技园和众创空间税收优惠政策

**政策依据**

《关于科技企业孵化器、大学科技园和众创空间税收政策的通知》（财税〔2018〕120 号）

**适用范围**

国家级、省级科技企业孵化器、大学科技园和国家备案众创空间。

**政策内容**

自 2019 年 1 月 1 日至 2021 年 12 月 31 日，对国家级、省级科技企业孵化器、大学科技园和国家备案众创空间自用及无偿或通过出租等方式提供给在孵对象使用的房产、土地，免征房产税和城镇土地使用税；对其向在孵对象提供孵化服务取得的收入，免征增值税。

**符合条件**

1. 孵化服务是指为在孵对象提供的经纪代理、经营租赁、研发和技术、信息技术、鉴证咨询服务。在孵对象是指符合相关认定和管理办法规定的孵化企业、创业团队和个人。

2. 国家级、省级科技企业孵化器、大学科技园和国家备案众创空间应当单独核算孵化服务收入。

3. 国家级、省级科技企业孵化器、大学科技园和国家备案众创空间应按规

定申报享受免税政策，并将房产土地权属资料、房产原值资料、房产土地租赁合同、孵化协议等留存备查，税务部门依法加强后续管理。

4.2018 年 12 月 31 日以前认定的国家级科技企业孵化器、大学科技园，自 2019 年 1 月 1 日起享受本通知规定的税收优惠政策。2019 年 1 月 1 日以后认定的国家级、省级科技企业孵化器、大学科技园和国家备案众创空间，自认定之日次月起享受本通知规定的税收优惠政策。2019 年 1 月 1 日以后被取消资格的，自取消资格之日次月起停止享受本通知规定的税收优惠政策。

**工作流程**

国家级科技企业孵化器、大学科技园和国家备案众创空间认定和管理办法由国务院科技、教育部门另行发布；省级科技企业孵化器、大学科技园认定和管理办法由省级科技、教育部门另行发布。

# 第三部分　创新创业

**导读**　当前，我国经济发展进入了新常态，经济步入了中高速发展阶段，大众创业、万众创新是培育和催生经济社会发展新动力的必然选择，是扩大就业、实现富民之道的根本举措，是激发全社会创新潜能和创业活力的有效途径。党中央、国务院高度重视大众创业、万众创新工作。2015 年 6 月，国务院印发了《大力推进大众创业万众创新若干政策措施的意见》，明确了一系列政策措施，随后建立了推进大众创业万众创新部际联席会议制度，统筹推进全国大众创业、万众创新工作。

## 一、科技企业孵化器

### 政策依据

《科技企业孵化器管理办法》（国科发区〔2018〕300 号）

《关于科技企业孵化器大学科技园和众创空间税收政策的通知》（财税〔2018〕120 号）

《科技企业孵化器评价指标体系》（国科火字〔2019〕239 号）

### 适用范围

科技企业孵化器（含众创空间等，以下简称孵化器）是以促进科技成果转化，培育科技企业和企业家精神为宗旨，提供物理空间、共享设施和专业化服务的科技创业服务机构，是国家创新体系的重要组成部分、创新创业人才的培养基地、大众创新创业的支撑平台。科技部和地方科技厅（委、局）负责对全国及所在地区的孵化器进行宏观管理和业务指导。

各地区应结合区域优势和现实需求引导孵化器向专业化方向发展，支持有条件的龙头企业、高校、科研院所、新型研发机构、投资机构等主体建设专业孵化器。

**政策内容**

定期对国家级科技企业孵化器开展考核评价工作，达到相关要求的给予支持。有效期内的国家级科技企业孵化器依法享受相关税收优惠政策。

**申请条件**

1. 申请国家级科技企业孵化器应具备以下条件：

（1）孵化器具有独立法人资格，发展方向明确，具备完善的运营管理体系和孵化服务机制。机构实际注册并运营满 3 年，且至少连续 2 年报送真实完整的统计数据；

（2）孵化场地集中，可自主支配的孵化场地面积不低于 10 000 平方米。其中，在孵企业使用面积（含公共服务面积）占 75% 以上；

（3）孵化器配备自有种子资金或合作的孵化资金规模不低于 500 万元，获得投融资的在孵企业占比不低于 10%，并有不少于 3 个资金使用案例；

（4）孵化器拥有职业化的服务队伍，专业孵化服务人员（指具有创业、投融资、企业管理等经验或经过创业服务相关培训的孵化器专职工作人员）占机构总人数 80% 以上，每 10 家在孵企业至少配备 1 名专业孵化服务人员和 1 名创业导师（指接受科技部门、行业协会或孵化器聘任，能对创业企业、创业者提供专业化、实践性辅导服务的企业家、投资专家、管理咨询专家）；

（5）孵化器在孵企业中已申请专利的企业占在孵企业总数比例不低于 50% 或拥有有效知识产权的企业占比不低于 30%；

（6）孵化器在孵企业不少于 50 家且每千平方米平均在孵企业不少于 3 家；

（7）孵化器累计毕业企业应达到 20 家以上。

2. 在同一产业领域从事研发、生产的企业占在孵企业总数的 75% 以上，且提供细分产业的精准孵化服务，拥有可自主支配的公共服务平台，能够提供研究开发、检验检测、小试中试等专业技术服务的可按专业孵化器进行认定管理。专业孵化器内在孵企业应不少于 30 家且每千平方米平均在孵企业不少于 2 家；累计毕业企业应达到 15 家以上。

**申报流程**

企业申报和审核推荐。申报机构向所在地省级科技厅(委、局)提出申请。省级科技厅(委、局)负责组织专家进行评审并实地核查，评审结果对外公示。对公示无异议机构书面推荐到科技部。

↓

审核确认。科技部负责对推荐申报材料进行审核并公示结果，合格机构以科技部文件形式确认为国家级科技企业孵化器。

↓

评价管理。科技部依据孵化器评价指标体系定期对国家级科技企业孵化器开展考核评价工作，并进行动态管理。对连续 2 次考核评价不合格的，取消其国家级科技企业孵化器资格。

## 二、众创空间

**政策依据**

《发展众创空间工作指引》（国科发火〔2015〕297 号）

《专业化众创空间建设工作指引》（国科发高〔2016〕231 号）

《国家众创空间备案暂行规定》（国科发高〔2017〕120 号）

《财政部　税务总局　科技部　教育部关于科技企业孵化器大学科技园和众创空间税收政策的通知》（财税〔2018〕120 号）

**适用范围**

众创空间是指为满足大众创新创业需求，提供工作空间、网络空间、社交空间和资源共享空间，积极利用众筹、众扶、众包等新手段，以社会化、专业化、市场化、网络化为服务特色，实现低成本、便利化、全要素、开放式运营的创新创业平台。

专业化众创空间是聚焦细分产业领域，以推动科技型创新创业、服务于实体经济为宗旨的重要创新创业服务平台，强调服务对象、孵化条件和服务内容的高度专业化，是能够高效配置和集成各类创新要素实现精准孵化，推动龙头骨干企业、中小微企业、科研院所、高校、创客多方协同创新的重要载体。

国家（专业化）众创空间实行备案管理。

**政策内容**

经备案的众创空间纳入国家级科技企业孵化器管理服务体系。经备案的（专业化）众创空间可依法享受相关税收优惠政策。

**申请条件**

1. 申请国家备案众创空间，应同时具备下列条件：

（1）发展方向明确、模式清晰，具备可持续发展能力。

（2）应设立专门运营管理机构，原则上应具有独立法人资格。

（3）运营时间满 18 个月。

（4）拥有不低于 500 平方米的服务场地，或提供不少于 30 个创业工位。同时须具备公共服务场地和设施。提供的创业工位和公共服务场地面积不低于众创空间总面积的 75%。

公共服务场地是指众创空间提供给创业者共享的活动场所，包括公共接待区、项目展示区、会议室、休闲活动区、专业设备区等配套服务场地。公共服务设施包括免费或低成本的互联网接入、公共软件、共享办公设施等基础办公条件。

（5）年协议入驻创业团队和企业不低于 20 家。

（6）入驻创业团队每年注册成为新企业数不低于 10 家，或每年有不低于 5 家获得融资。

（7）每年有不少于 3 个典型孵化案例。

（8）具备职业孵化服务队伍，至少 3 名具备专业服务能力的专职人员，聘请至少 3 名专兼职导师，形成规范化服务流程。

（9）每年开展的创业沙龙、路演、创业大赛、创业教育培训等活动不少于 10 场次。

（10）按科技部火炬中心要求上报统计数据，且数据真实、完整。

2. 专业化众创空间重点由龙头骨干企业、科研院所、高校等牵头建设。专业化众创空间的运营者可以是法人或其他社会组织，也可以是依托上述组织成立的相对独立的机构。专业化众创空间应具备以下基本条件：

（1）以服务科技型创新创业为宗旨，能够紧密对接实体经济，聚焦明确的产业细分领域。

（2）具备完善的专业化研究开发和产业化条件，能够提供低成本的开放式办公空间，具有专业化的研发设计、检验检测、模型加工、中试生产等研发、生产设备设施和厂房，并提供符合行业特征专业领域的技术、信息、资本、供应链、市场对接等个性化、定制化服务。

（3）具有开放式的互联网线上平台，集成或整合企业、科研院所、高校等的创新资源、产业资源及外部的创新创业等线下资源，实现共享和有效利用。

（4）具有活跃的创新和创业群体，特别是已有专业化的创客及创业团队积极参与，初步形成了良好的创新创业生态。

（5）具有创新导师、创业导师服务能力。由专业人士提供技术创新辅导、创业辅导、创业培训。

（6）具有创业投资基金或创新基金，或与天使投资、创投机构等合作设立股权投资基金，提供创业领域投融资服务，技术创新金融支持服务。

（7）专业化众创空间与建设主体之间具有良性互动机制，服务于建设主体转型升级和新业务开发、科技成果转化，并具备完善的运营管理制度，有清晰的可持续运营机制和管理模式。

**申报流程**

备案通知。科技部火炬中心负责国家备案众创空间的管理工作，在科技部火炬中心官网发布年度申报通知。

↓

地方备案及推荐。各省级科技行政主管部门负责本地备案申报受理工作，组织专家进行评审和实地核查，将评审结果对外公示，公示期不少于5个工作日。公示无异议，推荐到科技部火炬中心进行审核。

↓

审核备案。经科技部火炬中心审核后，对符合条件的国家众创空间，报国家科技行政主管部门备案。

↓

动态管理和考核。科技部火炬中心对国家备案众创空间进行动态管理，并适时开展国家备案众创空间的考核评价工作。每年公布一次备案名单，对连续2次未上报统计数据的众创空间取消国家备案资格。

## 三、国家大学科技园

**政策依据**

《关于科技企业孵化器大学科技园和众创空间税收政策的通知》（财税〔2018〕120号）

《国家大学科技园管理办法》（国科发区〔2019〕117号）

**适用范围**

国家大学科技园是指以具有科研优势特色的大学为依托，将高校科教智力资源与市场优势创新资源紧密结合，推动创新资源集成、科技成果转化、科技创业孵化、创新人才培养和开放协同发展，促进科技、教育、经济融通和军民融合的重要平台和科技服务机构。

高等学校是国家大学科技园建设发展的依托单位，申请进入大学科技园的企业，需符合《中小企业划型标准规定》所规定的小型、微型企业划分标准。

**政策内容**

科技部会同教育部建立国家大学科技园工作专家库和机构库，为国家大学科技园发展和管理提供支持。各地方省科技厅（委、局）、教育厅（委、局）及大学科技园所在地人民政府应将国家大学科技园工作纳入当地科技和教育发展规划，加强对国家大学科技园建设发展的指导和协调，制定和落实相关政策。

依托高校应把国家大学科技园纳入学校整体发展规划，在国家大学科技园发展中发挥核心作用，向国家大学科技园开放各种资源，给予相应支持。

发挥国家大学科技园联盟的协调促进作用，组织大学科技园座谈交流，面向大学科技园及创业企业、服务机构、高校师生等提供多元培训，总结推广国家大学科技园发展典型经验，不断提升大学科技园影响力。

**申请条件**

国家大学科技园实行认定管理。申请认定国家大学科技园，应具备以下条件：

1. 以具有科研优势特色的大学为依托，具有完整的发展规划，发展方向明确。

2. 具有独立法人资格；实际运营时间在 2 年以上，管理规范、制度健全，经营状况良好；具有职业化服务团队，经过创业服务相关培训或具有创业、投融资、企业管理等经验的服务人员数量占总人员数量的 80% 以上。

3. 具有边界清晰、布局相对集中、法律关系明确、总面积不低于 15 000 平方米的可自主支配场地；提供给孵化企业使用的场地面积应占科技园可自主支配面积的 60% 以上；建有众创空间等双创平台。

4. 园内在孵企业达 50 家以上，其中 30% 以上的在孵企业拥有自主发明专利；大学科技园 50% 以上的企业在技术、成果和人才等方面与依托高校有实质性联系。

5. 能够整合高校和社会化服务资源，依托高校向大学科技园入驻企业提供研发中试、检验检测、信息数据、专业咨询和培训等资源和服务，具有技术转移、知识产权和科技中介等功能或与相关机构建有实质性合作关系。

6. 园内有天使投资和风险投资、融资担保等金融机构入驻，或与相关金融机构建立合作关系，至少有 3 个以上投资服务案例。

7. 具有专业化的创业导师队伍，在技术研发、商业模式构建、经营管理、资本运作和市场营销等方面提供辅导和培训。

8. 建有高校学生科技创业实习基地，能够提供场地、资金和服务等支持。

9. 举办多元化的活动，每年举办创业沙龙、创业大赛、创业训练营和大学生创业实训等各类创新创业活动。

10. 纳入大学和地方发展规划，已建立与地方协同发展的有效机制。

11. 欠发达地区的大学科技园，上述条件可适当放宽。

**申报流程**

申请提交。拟申请认定国家大学科技园须满足《国家大学科技园管理办法》的认定条件，并准备相关申报材料。

↓

初审推荐。各地方省科技厅（委、局）会同教育厅（委、局）负责本地区国家大学科技园申报初审工作，择优向科技部和教育部推荐。

↓

初审推荐。科技部会同教育部组织专家对申请单位进行评审认定，并公布认定结果。

## 四、留学人员创业园

**政策依据**

《留学人员创业园管理办法》（人发〔2001〕7 号）

《关于人事部与地方人民政府共建留学人员创业园的意见》（人发〔2002〕84 号）

《中国留学人员创业园发展指引》（中留创〔2015〕第 003 号）

### 适用范围

留学人员创业园。

### 政策内容

留学人员创业园享受高新技术开发区和经济技术开发区内孵化机构的优惠政策。允许引进和建立若干专业化风险资金或创业基金；支持有条件的创业园尽快建立旨在为留学人员提供创业资本支持和融资担保的种子资金和担保资金；为创业园内企业在吸引国际创业投资和争取上市方面创造条件。

### 申请条件

1. 创业园所在的省、自治区、直辖市及副省级市人民政府高度重视留学人员回国创业工作，对创业园有一定投入。在创业园建设中，政府人事部门有切实措施，工作基础扎实。

2. 创业园所在周边地区有较密集的智力资源和较强的科技实力，对外开放程度较好，经济较为发达。

3. 有一定规模的孵化场地和一定数量的留学人员入园企业。留学人员企业以高新技术研发和产业化为主，具有较好的市场发展前景。

4. 创业园具有留学人员创业的良好氛围、较为完善的管理机构、精干的管理队伍和一套科学管理的规章制度，制定有专门的促进留学人员创业的优惠政策。

5. 具备功能较为齐全的服务体系，能为留学人员企业提供商务、信息、培训、融资、研发、企业注册、市场营销、国际合作等服务，切实解决留学人员回国创业的后顾之忧。

6. 符合《中国留学人员创业园发展指引》其他有关要求。

### 申报流程

共建申请。省级（含副省级市）人民政府在对本地区的留学人员创业园进行综合评估考察后，向人力资源和社会保障部提交创业园发展状况报告，提出共建意向。

↓

考察评估。人力资源和社会保障部分期、分批对提出共建的创业园进行考察了解、综合评估，对符合共建条件的，经人事部研究批准后，即与有关地区人民政府开展留学人员创业园共建工作。

批准确认。对批准共建的留学人员创业园，人力资源和社会保障部有关职能部门与有关地方政府人事部门及留学人员创业园共同协商创业园共建的具体内容、方式和运作模式，并通过签定协议等方式予以确认。

## 五、大众创业万众创新示范基地

### 政策依据

《关于建设大众创业万众创新示范基地的实施意见》（国办发〔2016〕35号）

《关于建设第二批大众创业万众创新示范基地的实施意见》（国办发〔2017〕54号）

### 适用范围

推进建设大众创业万众创新示范基地，旨在更大范围、更高层次、更深程度上推进大众创业万众创新，加快发展新经济、培育发展新动能、打造发展新引擎，建设一批双创示范基地、扶持一批双创支撑平台、突破一批阻碍双创发展的政策障碍、形成一批可复制可推广的双创模式和典型经验，重点围绕创业创新重点改革领域开展试点示范。

### 示范布局

1. 统筹示范类型。强化顶层设计，注重分类指导，充分考虑各类主体特点和区域发展情况，有机衔接现有工作基础，有序推进双创示范基地建设。依托双创资源集聚的区域、高校和科研院所、创新型企业等不同载体，支持多种形式的双创示范基地建设。引导双创要素投入，有效集成高校、科研院所、企业和金融、知识产权服务及社会组织等力量，实施一批双创政策措施，支持建设一批双创支撑平台，探索形成不同类型的示范模式。

2. 统筹区域布局。充分考虑东、中、西部和东北地区双创发展情况和特点，结合全面创新改革试验区域、国家综合配套改革试验区、国家自主创新示范区等布局，统筹部署双创示范基地建设，依托各自优势和资源，探索形成各具特色的区域双创形态。

3. 统筹现有基础。有机衔接各地方、各部门已有工作基础，在双创示范基地遴选、政策扶持、平台建设等方面充分发挥现有机制作用，依托众创空间、小微企业创业基地和城市等各类双创平台和示范区域，各有区别，各有侧重，协同完善双创政策体系。

4. 统筹有序推进。分批次、分阶段推进实施。首批双创示范基地选择在部分创新资源丰富、体制机制基础好、示范带动能力强的区域和单位先期开展示范布局，建立健全工作机制。在此基础上，逐步完善制度设计，有序扩大示范范围，探索统筹各方资源共同支持建设双创示范基地的新模式。

**建设任务**

1. 区域示范基地。结合全面创新改革试验区域、国家综合配套改革试验区、国家自主创新示范区等，以创业创新资源集聚区域为重点和抓手，集聚资本、人才、技术、政策等优势资源，探索形成区域性的创业创新扶持制度体系和经验。

2. 高校和科研院所示范基地。以高校和科研院所为载体，深化教育、科技体制改革，完善知识产权和技术创新激励制度，充分挖掘人力和技术资源，把人才优势和科技优势转化为产业优势和经济优势，促进科技成果转化，探索形成中国特色高校和科研院所双创制度体系和经验。

3. 企业示范基地。充分发挥创新能力突出、创业氛围浓厚、资源整合能力强的领军企业核心作用，引导企业转型发展与双创相结合，大力推动科技创新和体制机制创新，探索形成大中小型企业联合实施双创的制度体系和经验。

## 六、国家小型微型企业创业创新示范基地

### 政策依据

《国家小型微型企业创业创新示范基地建设管理办法》（工信部企业〔2016〕194 号）

### 适用范围

国家小型微型企业创业创新示范基地是经工业和信息化部公告的小型微型企业创业创新示范基地，是由法人单位建设或运营，聚集各类创业创新服务资源，为小微企业提供有效服务支撑的载体和场所。

各类符合条件的服务小微企业创业创新的创业基地、创业园、孵化器；产业集群、中小企业国际合作区、经济技术开发区、高新技术产业开发区、新型工业化产业示范基地等产业集聚区中面向小微企业的园中园；依托高校和科研院所的大学科技园；行业龙头骨干企业设立的面向小微企业、创业团队、创客的创业创新基地均可申报示范基地。

### 政策内容

工业和信息化部对示范基地予以重点扶持。

### 申请条件

示范基地申报需同时满足以下基本条件：

1. 经省级中小企业主管部门认定的小型微型企业创业创新（示范）基地。

2. 申报主体具有独立法人资格并运营管理本基地，基地成立时间 3 年以上。

3. 目前基地入驻小微企业 80 家以上，从业人员 1500 人以上。

4. 专职从事创业创新服务的人员不少于 10 人，其中创业辅导师不少于 3 人，引入或战略合作的外部专业服务机构不少于 5 家。

5. 服务有特色，业绩突出。为小微企业提供的公益性服务或低收费服务不少于总服务量的 20%。

6. 西部地区的示范基地可适当放宽条件，优先支持新型工业化产业示范基地内符合条件的基地申报。

**申报流程**

通知发布。工业和信息化部定期在其部门网站发布年度申报通知，明确有关申报要求。

↓

审核推荐。省级中小企业主管部门按照国家规定的条件和要求，负责本地区示范基地的推荐工作。省级中小企业主管部门对推荐的示范基地运营情况、服务业绩、满意度等进行测评，填写《国家小型微型企业创业创新示范基地推荐表》，并附被推荐示范基地的申报材料，报工业和信息化部。

↓

评审公示。工业和信息化部组织专家对申报材料进行评审，评审结果在工业和信息化部网站及有关媒体公示15个工作日。

↓

认定公告。工业和信息化部对公示无异议的公告为“国家小型微型企业创业创新示范基地”，并及时在工业和信息化部门户网站及有关媒体公布。

## 七、全国创业孵化示范基地

**政策依据**

《人力资源和社会保障部关于推进创业孵化基地建设进一步落实创业帮扶政策的通知》（人社部函〔2012〕108号）

《人力资源社会保障部办公厅关于开展全国创业孵化示范基地复评和推荐工作的通知》（人社厅函〔2018〕135号）

## 适用范围

全国创业孵化示范基地既可在土地利用总体规划确定的城镇建设用地范围内经审批立项新建，也可利用符合条件的现有经济技术开发区、工业园区、高新技术园区、大学科技园区、小企业孵化园等通过挂牌、共建等方式，认定为创业孵化基地。

## 政策内容

人力资源社会保障部开展全国创业孵化示范基地复评和推荐工作。各级人力资源社会保障部门要会同财政、税务、工商、工业和信息化、国土、科技等部门，对已经出台的税费减免、财政补贴、金融支持、土地供给、人才引进等各项创业帮扶政策进行认真梳理，厘清能够适用于孵化期内创业实体的政策，并进一步完善操作办法，以确保将这些政策切实落实到创业实体上。

## 申报条件

1. 由政府批准设立或依法成立，以创业孵化为主营业务的独立法人机构，无违法违纪行为和未了结的法律、经济纠纷，运营时间 3 年以上。

2. 拥有一定规模的创业孵化场所、必要的附属设施及配套基础设施。近 3 年，孵化场所利用率每年均不低于 90%，在孵创业实体每年均不少于 30 户，在孵创业实体提供的就业岗位每年均不少于 300 个。

3. 创业孵化功能完善，各项管理制度健全，政府明确的帮扶创业实体的各项政策落实到位，孵化效果明显。自基地运营以来，入孵创业实体孵化成功率总体不低于 60%，入孵创业实体到期出园率总体不低于 95%。

4. 已被认定为省级创业孵化示范基地，发展前景良好，对全国具有示范性。

## 申报流程

通知发布。人力资源社会保障部定期在其部门官网发布申报通知。

筛选推荐。省级人力资源社会保障部门负责对照上述基本条件进行筛选并择优推荐。

↓

审核确定。人力资源社会保障部根据各地上报的推荐材料，组织开展全国示范基地的审核、公示、确定和授牌工作。

↓

复评管理。经确认的全国示范基地每两年进行复核评估。复评结果为 A、B、C 类的，继续保留其全国示范基地名号。自动放弃参加复评和复评结果为未通过的，取消其全国示范基地名号。

## 八、中国创新创业大赛

### 政策依据

《国务院关于推动创新创业高质量发展打造“双创”升级版的意见》（国发〔2018〕32 号）

《科技部　财政部关于支持中国创新创业大赛有关工作的通知》（国科发资〔2016〕186 号）

《科技部关于举办第九届中国创新创业大赛的通知》（国科发火〔2020〕137 号）

### 适用范围

党中央、国务院高度重视大众创新创业，鼓励举办各类创新创业赛事，为创新创业者提供展示平台。由科技部、财政部、教育部和全国工商联等部门和单位共同举办的中国创新创业大赛是贯彻落实党中央、国务院工作部署，丰富双创平台服务功能，引导社会资源支持双创的重要举措。自 2012 年以来，中国创新创业大赛一共举办了九届。中国创新创业大赛分为地方赛、专业赛和全国赛，主要支持符合有关要求的科技型中小企业。

## 政策内容

1. 地方赛

省级科技管理部门自主设立地方赛奖项，并积极为参赛企业提供政策支持和多元化服务。

2. 专业赛

专业赛由大赛组委会办公室牵头组织，按专场举办，采用网上赛方式进行。第九届中国创新创业大赛专业赛分 5 个方向：新冠肺炎疫情防控技术创新创业专业赛、大中小企业融通专业赛、产业技术创新专业赛、科技计划项目产业化专业赛、技术融合专业赛。专业赛组织方案和服务政策单独在大赛官网发布。

第九届中国创新创业大赛新冠肺炎疫情防控技术创新创业专业赛设一等奖 1 名、二等奖 2 名、三等奖 3 名及优秀企业奖 10 ～ 20 名。专业赛获奖企业纳入中国创新创业大赛荣誉榜范围，获得全国行业总决赛获奖企业同等扶持服务政策。

3. 全国赛

全国总决赛结束后，初创企业组产生一等奖 1 名、二等奖 1 名、三等奖 1 名，成长企业组产生一等奖 1 名、二等奖 2 名、三等奖 3 名。

（1）择优推荐给国家中小企业发展基金设立的子基金、国家科技成果转化引导基金设立的子基金、科技型中小企业创业投资引导基金设立的子基金、中国互联网投资基金等国家级投资基金。

（2）大赛合作银行择优给予贷款授信支持。

（3）择优推荐参加“创新人才推进计划”等相关计划评选及相关展览交流等活动。

## 参赛条件

1. 地方赛

地方赛参赛条件见当地比赛通知。不举办地方赛省份的参赛企业，除由省级科技管理部门间协商参加相关地方赛区比赛的，大赛组委会办公室有权安排其参加综合赛区比赛。

2. 专业赛

参赛企业须符合以下条件：

（1）参赛项目符合本场专业赛技术方向，拥有知识产权且无产权纠纷。

（2）企业经营规范，社会信誉良好，无不良记录，且为非上市公司（新三板挂牌企业可参赛）。

（3）全国科技型中小企业信息服务平台登记入库企业（2017—2020 年至少有一年取得科技型中小企业登记编号）或 2019 年营业收入不超过 2 亿元的有效期内高新技术企业。

（4）企业注册成立时间在 2010 年 1 月 1 日（含）以后。

3. 全国赛

（1）企业具有创新能力和高成长潜力，主要从事高新技术产品研发、制造、服务等业务，拥有知识产权且无产权纠纷。

（2）企业经营规范，社会信誉良好，无不良记录，且为非上市企业。

（3）企业 2019 年营业收入不超过 2 亿元。

（4）企业注册成立时间在 2010 年 1 月 1 日（含）以后。

（5）全国赛按照初创企业组和成长企业组进行比赛。工商注册时间在 2019 年 1 月 1 日（含）之后的企业方可参加初创企业组比赛，工商注册时间在 2018 年 12 月 31 日（含）之前的企业只能参加成长企业组比赛。

（6）地方赛入围全国赛的成长组企业，必须获得 2020 年科技型中小企业的入库登记编号（登记网址：www.innofund.gov.cn）；对初创组企业不作此项要求。

（7）前八届大赛全国总决赛或全国行业总决赛获得一、二、三名或一、二、三等奖的企业不参加本届大赛。

**工作流程**

1. 地方赛工作流程

报名参赛。自评符合参赛条件的企业自愿登录中国创新创业大赛官网统一注册报名。报名企业在进行注册和统一身份认证后，应提交完整报名材料。大赛官网是报名参赛的唯一渠道，其他报名渠道均无效。

资格确认。各省、自治区、直辖市及计划单列市科技厅（委、局），新疆生产建设兵团科技局负责辖区内企业报名材料的形式审查，对符合参赛条件且提交报名材料完整的企业确认参赛资格。

↓

地方赛比赛。地方赛由省级科技管理部门负责牵头组织，采用逐级遴选方式产生优胜企业。

↓

入围推荐。省级科技管理部门书面推荐入围全国赛的企业，并完成网上推荐操作。未在规定时间内完成书面或网上推荐的企业，不得入围全国赛。

2. 专业赛工作流程

参赛报名。符合参赛条件的企业自愿通过中国创新创业大赛官网报名。网址：www.cxcyds.com。

↓

初赛。经审查确认的参赛企业进入初赛。初赛采取网络评审方式。对不符合参赛方向的企业，主办单位和评委有一票否决权。

↓

决赛。决赛采取网上路演答辩的形式。参赛企业以视频、文字等形式开展线上路演，专家线上提问、沟通、公开打分，当场公布成绩。

3. 全国赛工作流程

全国半决赛。全国半决赛由大赛组委会办公室负责组织，按新一代信息技术、生物、高端装备制造、新材料、新能源、新能源汽车、节能环保等战略性新兴产业进行分组，采用网上评审方式进行比赛。全国半决赛结束后，按组别评选出600名左右大赛优秀企业和30名左右晋级全国总决赛企业。

↓

全国总决赛。全国总决赛采用“现场答辩、当场亮分”的评选方式，评委以创投专家为主。全国总决赛根据疫情防控工作要求，采用线下或网上路演方式进行，比赛向观众开放，并通过有关网络平台等进行直播。

## 九、中国创新挑战赛

### 政策依据

《国务院关于强化实施创新驱动发展战略进一步推进大众创业万众创新深入发展的意见》（国发〔2017〕37 号）

《科技部关于举办第五届中国创新挑战赛的通知》（国科发火〔2020〕145 号）

### 适用范围

中国创新挑战赛是针对具体技术创新需求，通过“揭榜比拼”方式，面向社会公开征集解决方案的创新众包服务活动。第五届挑战赛聚焦长三角区域一体化、技术融合、硬科技和新一代信息技术、高端装备制造、生物等战略性新兴产业举办 17 项赛事，各赛事见《第五届中国创新挑战赛承办单位》。

### 政策内容

1. 在挑战赛中胜出的挑战者应获得一定额度的资金奖励。奖励资金原则上由需求方支付，仅用作奖励挑战者，不作为技术转让、技术许可或其他独占性合作的强制条件。

2. 对通过挑战赛成功对接的需求方，可按所在地技术成果转移转化相关政策给予奖励或补助；签订技术合同并形成产学研合作项目，可优先纳入地方科技计划给予支持。

3. 承办单位整合相关资源，提供包括科技政策咨询、企业战略咨询、知识产权、技术交易和投融资等服务，并进行后续跟踪与效果评价。

**申请条件**

针对具体技术创新需求，通过“揭榜比拼”方式，面向社会公开征集解决方案。

**申报流程**

需求征集。承办单位面向本区域开展需求征集工作，并组织专家团队或委托服务机构对需求进行逐一分析梳理，提出综合建议。

↓

需求发布。承办单位通过挑战赛官网及各地相关媒体、科技平台向社会公开发布和推送需求。科技部火炬中心开展需求集中发布工作，并通过各类平台、媒体、网络等渠道进行广泛推送。

↓

解决方案征集。承办单位发布“挑战须知”，面向全社会征集挑战者，也可通过知识产权检索、成果库精准匹配等方式，积极寻找、定位和动员社会各界的技术持有者参赛。

↓

需求对接。承办单位围绕本区域内征集的所有需求，开展形式多样的对接服务，做到每个需求都有回应、力争得以解决。如有合作意向，应签订意向合作协议。

## 十、中国“互联网＋”大学生创新创业大赛

**政策依据**

《教育部关于举办第六届中国国际“互联网＋”大学生创新创业大赛的通知》（教高函〔2020〕5号）

**赛事情况**

第六届大赛将力争做到“五个更”，将举办“1+6”系列活动。“1”是主

体赛事，包括高教主赛道、“青年红色筑梦之旅”赛道、职教赛道、萌芽赛道，各赛道内容见年度申报通知。“6”是6项同期活动，包括“智闯未来”青年红色筑梦之旅活动、“智创未来”全球创新创业成果展、“智绘未来”世界湾区高等教育峰会、“智联未来”全球独角兽企业尖峰论坛、“智享未来”全球青年学术大咖面对面、“智投未来”投融资竞标会。

**奖项设置**

1. 高教主赛道

高教主赛道中国大陆参赛项目设金奖50个、银奖100个、铜奖450个，中国港澳台地区参赛项目设金奖5个、银奖15个、铜奖另定，国际参赛项目设金奖40个，银奖60个，铜奖300个。另设最佳带动就业奖、最佳创意奖、最具商业价值奖、最具人气奖各1个；获奖项目将由大赛组委会颁发获奖证书，提供投融资对接、落地孵化等服务。设高校集体奖20个、省市优秀组织奖10个（与职教赛道合并计算）和优秀创新创业导师若干名。

2. “青年红色筑梦之旅”赛道

“青年红色筑梦之旅”赛道设“青年红色筑梦之旅”赛道金奖15个、银奖45个、铜奖140个。设“乡村振兴奖”“社区治理奖”“逐梦小康奖”等单项奖若干，奖励对农村地区教育、科技、农业、医疗、扶贫及城乡社区治理等方面有突出贡献的项目。设“青年红色筑梦之旅”高校集体奖20个、省市优秀组织奖8个和优秀创新创业导师若干名。获奖单位颁发获奖证书及奖牌。

3. 职教赛道

职教赛道设金奖15个、银奖45个、铜奖140个，获奖项目将由大赛组委会颁发获奖证书，提供投融资对接、落地孵化等服务。设院校集体奖20个、省市优秀组织奖10个（与高教主赛道合并计算）和优秀创新创业导师若干名。获奖单位颁发证书及奖牌。

4. 萌芽赛道

萌芽赛道设创新潜力奖20个和单项奖若干个，获奖项目将由大赛组委会颁发获奖证书。

**参赛要求**

1. 高教主赛道

（1）参赛项目类型。包括“互联网 +”现代农业、“互联网 +”制造业、“互联网 +”信息技术服务、“互联网 +”文化创意服务、“互联网 +”社会服务等 5 个方向。参赛项目不只限于“互联网 +”项目，鼓励各类创新创业项目参赛，根据行业背景选择相应类型。

（2）参赛组别和对象。根据参赛项目所处的创业阶段、已获投资情况和项目特点，分为创意组、初创组、成长组、师生共创组。具体参赛条件见相关赛事方案。

2. “青年红色筑梦之旅”赛道

（1）参赛项目要求。参加“青年红色筑梦之旅”赛道的项目应符合大赛参赛项目要求，同时在推进革命老区、贫困地区、城乡社区经济社会发展等方面有创新性、实效性和可持续性。

（2）参赛组别和对象。根据项目性质和特点，分为公益组、商业组，各组要求见相关赛事方案。

3. 职教赛道

（1）参赛项目类型。同高教主赛道参赛项目。

（2）参赛组别和对象。分为创意组与创业组，各组要求见相关赛事方案。

4. 萌芽赛道

（1）参赛对象。普通高级中学在校学生。参赛学生须为项目的实际成员，鼓励学生以团队为单位参加（团队成员原则上不超过 15 人），允许跨校组建团队。

（2）参赛项目要求。项目应紧密融合学习、生活、社会实践，能创造性地解决问题或提供解决思路，具有可预见的应用性与成长性，可以是各类中学生赛事获奖项目或作品（可参照教育部公布认可的中小学生全国性竞赛）。项目不只限于“互联网 +”项目，鼓励各类创新创业项目参赛。其他要求见相关赛事方案。

**申请流程**

参赛报名。参赛团队通过登录“全国大学生创业服务网”（cy.ncss.cn）或微信公众号（名称为“全国大学生创业服务网”或“中国互联网＋大学生创新创业大赛”）任一方式进行报名，截止时间由各地根据复赛安排自行决定。国际参赛项目通过全球青年创新领袖共同体促进会官网（www.pilcchina.org）进行报名（具体安排另行通知）。赛事咨询请通过“中国互联网＋大学生创新创业大赛”微信公众号进行咨询。

↓

初赛复赛。各地各校登录 cy.ncss.cn/gl/login 进行大赛管理和信息查看。省级管理用户使用大赛组委会统一分配的账号进行登录，校级账号由各省级管理用户进行管理。初赛复赛的比赛环节、评审方式等由各校、各地自行决定。各地在 9 月 15 日前完成省级复赛，遴选参加全国总决赛的候选项目（推荐项目应有名次排序，供全国总决赛参考）。国际参赛项目的推荐遴选工作另行安排。

↓

全国总决赛。大赛专家委员会对入围全国总决赛项目进行网上评审，择优选拔项目进行现场比赛，决出金奖、银奖、铜奖。大赛组委会将通过“全国大学生创业服务网”为参赛团队提供项目展示、创业指导、投资对接等服务。

# 第四部分　成果转化

**导读**　科技成果转化是为了提高生产力水平而对科技成果所进行的后续试验、开发、应用、推广直至形成新技术、新工艺、新材料、新产品，发展新产业等创新活动。促进科技成果转移转化是实施创新驱动发展战略的重要任务，也是科技支撑供给侧结构性改革的关键举措，党中央、国务院高度重视促进科技成果转化工作。1978—2018 年，国家科技成果转化工作经历了起步发展、全面深化、加速发展、重点突破等 4 个阶段。特别是 2008 年以来，国家深入推进技术转移制度体系建立、生态体系建设、示范区布局、载体平台丰富、引导基金导向强化、重大成果产业化应用、人才培养等工作，取得了良好成效。

## 一、科技成果“三权”下放

### 政策依据

《关于开展深化中央级事业单位科技成果使用、处置和收益管理改革试点的通知》（财教〔2014〕233 号）

### 政策介绍

2011 年，经国务院批准，财政部在中关村国家自主创新示范区开展了中央级事业单位科技成果处置和收益权管理改革试点。2013 年 9 月，改革试点实施范围从中关村扩大到东湖、张江国家自主创新示范区和合芜蚌自主创新综合试验区。与 2011 年中关村试点政策相比，2013 年政策有两个方面的重点突破：一是将单位科技成果的对外投资、许可等使用事项的审批纳入了改革范围，取消了主管部门、财政部门对科技成果使用、处置事项的所有审批和备案要求。二是将单位科技成果的处置收入从分段按比例留归单位改为全部留归单位。

**适用范围**

在国家自主创新示范区、合芜蚌自主创新综合试验区选择若干符合条件的中央级事业单位开展科技成果使用、处置和收益管理改革试点。

**政策内容**

共包括 9 个条款，政策要点如下：

1. 转化自主权。试点单位可以自主决定对其持有的科技成果采取转让、许可、作价入股等方式开展转移转化活动，试点单位主管部门和财政部门对科技成果的使用、处置和收益分配不再审批或备案。涉及国家安全、国家利益和重大社会公共利益的科技成果转移转化，依照相关法律规定管理和实施。

2. 市场化定价机制。试点单位可通过协议定价、技术市场挂牌交易、拍卖等方式确定成果交易、作价入股的价格。实行协议定价的，应当在本单位公示成果名称、拟交易价格，在此基础上确定最终成交价格。

3. 收益管理。试点单位科技成果转移转化所获得的收入全部留归单位，纳入单位预算，实行统一管理，处置收入不上缴国库。

4. 收入分配。一是将科技成果转移转化收入的分配权利授予单位，试点单位要依据有关法律法规制定科技成果转移转化收入分配和股权激励方案，有关部门不再审批；二是单位的收入分配和股权激励方案要明确对科技成果完成人（团队）、院系（所），以及为科技成果转移转化做出重要贡献的人员、技术转移机构等相关方的收入或股权奖励比例，以保障各方的利益，建立利益共享机制；三是对发明人、共同发明人等在科技成果完成和转移转化中做出重要贡献人员的奖励比例，不得低于有关法律法规规定的最低比例；四是以科技成果作价入股，用于奖励人员的股权超过入股时作价金额 50% 的，按国家促进科技成果转移转化的有关规定，由单位职工代表大会讨论决定。

5. 对科技人员的奖励制度。试点单位科技成果转移转化收入用于人员奖励的支出部分，计入当年单位工资总额，但不纳入工资总额基数。

6. 监管方面。一是试点单位应当按规定将上一年度科技成果转移转化情况（主要包括获得的科技成果情况、科技成果转移转化情况、收入及分配情况等）向单位主管部门报告。试点单位主管部门应当按规定将年度科技成果转移转化报告报送财政部门和科技行政主管部门，同时抄送人力资源社会保障部门等相关部门。科技计划（专项、基金等）管理机构也应建立相应的科技成果转移转化报告制度。二是科技成果向境外转让、独占许可的，应当依法履行审批程序。对列入《中国禁止出口限制出口技术目录》中禁止出口及其他影响、损害国家竞争力和国家安全的科技成果，禁止向境外许可或转让。科技行政主管部门、科技计划（专项、基金等）管理机构应当落实科技成果向境外转让、独占许可的管理制度。

7. 对相关职能部门要求。一是建立应用类科技成果信息库。为解决目前财政性资金资助产生的科技成果分散在多个部门管理，没有建立统一的应用类科技成果信息库，不利于科技成果转移转化的问题，《通知》规定科技行政主管部门要会同有关部门、地方建立财政性资金资助产生的应用类科技成果信息库。应用类科技成果信息库要面向社会提供科技成果信息的查询、筛选等公益服务。二是科技计划（专项、基金等）管理机构要改进和完善科研组织管理方式，明确应用类科研项目承担单位的成果转移转化义务，将科技成果转移转化和知识产权创造、运用作为立项和验收的重要内容和依据。三是单位主管部门要将成果转移转化和知识产权创造、运用作为对机构及人员评价、资金支持的重要内容和依据，并建立有利于促进科技成果转移转化的绩效考核评价体系。四是知识产权管理部门应当完善专利信息传播利用服务体系，会同有关部门、地方加强知识产权执法保护。

8. 试点时间。2014 年 10 月 1 日至 2015 年 12 月 31 日。

## 二、科技成果转化人员收益激励

### 政策依据

《国务院关于印发实施〈中华人民共和国促进科技成果转化法〉若干规定的通知》（国发〔2016〕16号）

《国有科技型企业股权和分红激励暂行办法》（财资〔2016〕4号）

### 政策介绍

国家设立的研究开发机构、高等院校制定转化科技成果收益分配制度时，要按照规定充分听取本单位科技人员的意见，并在本单位公开相关制度，依法对职务科技成果完成人和为成果转化做出重要贡献的其他人员给予奖励。对于担任领导职务的科技人员获得科技成果转化奖励，按照分类管理的原则执行。鼓励企业建立健全科技成果转化的激励分配机制。要研究制定国有科技型企业股权和分红激励政策，结合深化国有企业改革，对科技人员实施激励。

### 适用范围

1. 研究开发机构、高等院校制定转化科技成果收益分配制度。
2. 担任领导职务的科技人员获得科技成果转化奖励。
3. 企业科技成果转化的激励分配机制。
4. 国有科技型企业股权和分红激励政策。

### 政策内容

1. 研究开发机构、高等院校制定转化科技成果收益分配制度时，按照以下规定执行：

（1）以技术转让或者许可方式转化职务科技成果的，应当从技术转让或者许可所取得的净收入中提取不低于50%的比例用于奖励。

（2）以科技成果作价投资实施转化的，应当从作价投资取得的股份或者出资比例中提取不低于50%的比例用于奖励。

（3）在研究开发和科技成果转化中做出主要贡献的人员，获得奖励的份额不低于奖励总额的50%。

（4）对科技人员在科技成果转化工作中开展技术开发、技术咨询、技术服务等活动给予的奖励，可按照《促进科技成果转化法》和《若干规定》执行。

2. 对于担任领导职务的科技人员获得科技成果转化奖励，按照分类管理的原则执行：

（1）国务院部门、单位和各地方所属研究开发机构、高等院校等事业单位（不含内设机构）正职领导，以及上述事业单位所属具有独立法人资格单位的正职领导，是科技成果的主要完成人或者对科技成果转化做出重要贡献的，可以按照《促进科技成果转化法》的规定获得现金奖励，原则上不得获取股权激励。其他担任领导职务的科技人员，是科技成果的主要完成人或者对科技成果转化做出重要贡献的，可以按照《促进科技成果转化法》的规定获得现金、股份或者出资比例等奖励和报酬。

（2）对担任领导职务的科技人员的科技成果转化收益分配实行公开公示制度，不得利用职权侵占他人科技成果转化收益。

3. 国家鼓励企业建立健全科技成果转化的激励分配机制，充分利用股权出售、股权奖励、股票期权、项目收益分红、岗位分红等方式激励科技人员开展科技成果转化。

4. 建立国有科技型企业自主创新和科技成果转化的激励分配机制，包括股权激励、分红激励。国有科技型企业负责拟订股权和分红激励方案，履行内部审议和决策程序，报经履行出资人职责或国有资产监管职责的部门、机构、企业审核后，对符合条件的激励对象实施激励。激励对象为与本企业签订劳动合同的重要技术人员和经营管理人员。

企业可以采取股权出售、股权奖励、股权期权等一种或多种方式对激励对象实施股权激励，大、中型企业不得采取股权期权的激励方式。股权激励总额最高不超过企业总股本的30%，且单个激励对象获得的激励股权不得超过企业总股本的3%。

企业实施项目收益分红，应当依据《中华人民共和国促进科技成果转化法》，在职务科技成果完成、转化后，按照企业规定或者与重要技术人员约定的方式、数额和时限执行。企业未规定、也未与重要技术人员约定的，按照《国有科技型企业股权和分红激励暂行办法》规定标准执行。

## 三、科技成果转化免责机制

**政策依据**

《国务院关于印发实施〈中华人民共和国促进科技成果转化法〉若干规定的通知》（国发〔2016〕16号）

**适用范围**

科技成果转化实施单位的相关领导。

**政策内容**

科技成果转化过程中，通过技术交易市场挂牌交易、拍卖等方式确定价格的，或者通过协议定价并在本单位及技术交易市场公示拟交易价格的，单位领导在履行勤勉尽责义务、没有牟取非法利益的前提下，免除其在科技成果定价中因科技成果转化后续价值变化产生的决策责任。

## 四、科技成果直通车

**政策依据**

《关于开展科技成果直通车工作的通知》（国科火字〔2019〕73号）

《关于启动2019年科技成果直通车工作及科技成果项目征集的通知》（国科火字〔2019〕107号）

**政策介绍**

针对科技成果转化“供给质量不高、受众企业不优、对接渠道不畅”等实际问题，充分调动地方工作积极性，搭建高校、院所高水平科技成果与高质量科技企业的精准对接平台，促进国家科技计划形成的重大研发成果及科研能力在地方落地转化为新产品、新产业、新动能，打造具有全国影响力的科技成果转化公共服务品牌，科技部火炬中心联合深圳证券交易所在前期试点基础上，决定从2019年起在全国常态化开展科技成果直通车路演活动。

**适用范围**

全年常态化征集新一代信息技术、高端装备制造、新材料、新能源、节能环保、生物医药、现代农业及其他领域的高水平科技成果。

**政策内容**

科技部火炬中心委托专业化技术转移机构对所有入库项目进行认真筛选和专业评价，联合深圳证券交易所、地方科技管理部门、国家高新区等，对适宜转化和具有产业化前景的科技成果项目提供以下服务：

1. 推荐参加科技成果直通车现场路演，精准对接全国科技企业、投资机构及产业园区。

2. 线上线下推荐对接本领域的上市科技企业、国家高新技术企业及行业领军企业。

3. 推荐给地方科技管理部门及国家高新区，获得科技成果转化方面的服务及支持。

4. 获得路演辅导和专业培训，协助完成科技成果的商业计划书。

5. 通过科技成果直通车官方平台和深圳证券信息公司网络平台进行项目展示推广。

6. 获得专业化技术转移机构服务推广。

7. 在地方落地转化的科技成果有机会获得项目资金支持。

**征集条件**

1. 属于新一代信息技术、高端装备制造、新材料、新能源、节能环保、生物医药、现代农业及其他产业领域。

2. 技术领先性强，一般应达到国内同业领先水平。

3. 产业化成熟度高，具备明确的产业化前景和较好的经济社会潜在效益。

4. 具有独立自主知识产权，不存在侵犯他人知识产权或其他法律纠纷等情况。

5. 拟通过技术许可或转让、合作开发、中试熟化、技术入股、技术并购、技术融资等方式与科技企业、园区、机构开展合作。

6. 持有项目的科研人员愿意本人或委托他人参加面向科技企业的现场路演对接。

**申请流程**

提出申请。各省级科技管理部门根据本地实际情况和《科技成果直通车工作指引》，自愿申请开展科技成果直通车。

↓

确定名单。科技部火炬中心根据各地方提出的对接技术领域、产业发展基础、科技企业规模、工作经费保障等因素，结合全年工作计划，研究确定年度承办单位名单。

↓

正式启动。科技部火炬中心印发通知，正式启动年度科技成果直通车。通过互联网等媒体渠道加大宣传力度，组织动员全国高校、院所科研人员、科技企业、产业园区、各类技术转移机构积极参与。

↓

制定方案。科技部火炬中心分别指导各承办单位研究制定科技成果直通车工作方案，确保各场活动特色突出、形式丰富、基础扎实、成效显著。

↓

征集项目。采取常态化开放征集和根据需求重点征集相结合的方式。通过对接国家科技计划项目科技成果，面向高校、院所公开征集，鼓励科研人员自主推荐，委托技术转移机构挖掘等多元化渠道，长期征集并建立科技成果直通车项目库。

↓

筛选项目。根据各承办单位确定的对接技术领域和产业需求，组织专业化技术转移机构从科技成果直通车项目库中初步筛选出 100 个左右高水平科技成果。承办单位将初筛的科技成果项目信息主动推送给地方科技企业，征求企业对接意愿和相关建议，从中筛选确定拟路演对接的重点项目（10～20 个）。

↓

组织动员。承办单位组织动员地方科技企业、产业园区、投资机构积极参与路演对接，提高科技成果路演受众质量。深圳证券交易所组织动员上市科技企业参与路演对接。

↓

项目路演。由深圳证券交易所和专业技术转移机构对拟路演项目进行路演辅导，重点突出路演项目的技术领先性、产业化可行性和产业发展前景。路演活动流程一般分为：科技成果转化主旨演讲与经验分享、科技成果持有人现场路演、技术及行业专家现场评议、科技企业及产业园区问答、台下“一对一”对接交流。同时，为未进入现场路演的科技成果项目提供线上线下的对接交流渠道。

↓

跟踪服务。对所有路演的科技成果项目进行长期跟踪，了解路演项目的产业化进展。对拟落地转化的路演项目，主办单位及承办单位研究制定相关政策，积极支持科技成果在地方落地转化。

## 五、向国外申请专利专项资金

### 政策依据

《关于印发资助向国外申请专利专项资金管理办法的通知》（财建〔2012〕147号）

《资助向国外申请专利专项资金申报细则（暂行）》（国知发管字〔2012〕67号）

### 适用范围

专项资金主要用于资助国内申请人向国外申请专利时向有关专利审查机构缴纳的在申请阶段和授予专利权当年起3年内的官方规定费用、向专利检索机构支付的检索费用，以及向代理机构支付的服务费。

### 政策内容

实行事后资助，向国外申请专利项目在外国国家（地区）完成国家公布阶段和征收获得授权后分两次给予资助。每个专利项目最多支持向5个国家(地区)申请，两个阶段的资助总额为每个国家（地区）不超过10万元。凡获得中央财政有关科技研发资金及地方财政有关资金支持的向国外专利申请，不得重复申请资助。

### 申请条件

1. 项目范围

（1）申报项目应是通过专利合作条约（PCT）途径和巴黎公约途径提出，并委托国内专利代理机构办理的向国外专利申请。

向国外专利申请已在外国国家（地区）完成国家公布的，在申报专项资金时应处于正常审查程序中并具有新颖性、创造性和实用性等条件；已经正式获得授权的，在申报专项资金时应处于专利权维持状态并无权利纠纷等问题。尚未在外国国家（地区）完成国家公布的向国外专利申请不得申报资助。

（2）专项资金重点支持符合国家知识产权战略需求导向，有助于提升自主创新能力，支撑我国高技术产业与战略性新兴产业发展的技术领域；并重点资助有助于构建专利池、获取核心专利技术、参与国际技术标准制定，保护类型与我国发明专利相同的向国外专利申请。

2. 费用范围

（1）向国外申请专利时向有关专利审查机构缴纳的在申请审批阶段和授予专利权当年起 3 年内的官方规定费用。具体为 PCT 申请在国际阶段缴纳的国际申请费、检索费、传送费、初步审查费、手续费等费用，PCT 申请和通过巴黎公约途径提出的申请在外国国家（地区）缴纳的国外审查费、授权登记费、授权后 3 年的年费等费用（以各国国内法律规定为准）。

（2）向专利代理机构支付的服务费。

（3）委托国家知识产权局专利检索咨询中心（以下简称检索中心）出具查新检索报告、法律状态检索报告所发生的检索费用。

3. 单位范围

申报单位为符合国家法律法规规定的国内中小企业、事业单位及科研机构。

**申请流程**

1. 专项资金主要按照因素法进行分配。资金分配的因素主要包括各省（区、市）向国外申请专利数量和上年度专项资金预算执行情况等。财政部商国家知识产权局于每年年初下达各省（区、市）专项资金年度预算。

2. 各省（区、市）财政部门收到中央财政下达的专项资金后，应商本级知识产权部门，按照国家知识产权局有关业务要求组织开展本省（区、市）的专项资金申报工作。

专项资金采取属地化管理。申报专项资金的国内申请人应按照要求向所在地省（区、市）知识产权部门提交申报材料，省（区、市）知识产权部门审核、汇总后报送本级财政部门。

3. 省（区、市）财政部门会同知识产权部门于每年年底将本年度专项资金的具体项目安排及资助金额报送财政部和国家知识产权局备案。

## 六、企业专利费用减免

### 政策依据

《专利收费减缴办法》（财税〔2016〕78号）

《国家知识产权局关于调整专利收费减缴条件和商标注册收费标准的公告》（国家知识产权局公告第三一六号）

### 减免对象

个人、企业、事业单位、社会团体、非营利性科研机构。

### 减缴额度

1. 专利申请人或者专利权人可以请求减缴下列专利收费：

（1）申请费（不包括公布印刷费、申请附加费）；

（2）发明专利申请实质审查费；

（3）年费（自授予专利权当年起10年内的年费）；

（4）复审费。

进入中国国家阶段的国际申请可以请求减缓的费用为复审费和自授予专利权当年起（含当年）10年内的年费。

2. 专利申请人或者专利权人为个人或者单位的，减缴上述专利收费的85%。两个或者两个以上的个人或者单位为共同专利申请人或者共有专利权人的，减缴上述专利收费的70%。

3. 对符合《专利收费减缴办法》有关条件的专利申请人或者专利权人，专利年费的减缴期限由自授权当年起6年内，延长至10年内。对于2018年7月31日（含）前已准予减缴的专利，作以下处理：处于授权当年起6年内的，年费减缴期限延长至第10年；处于授权当年起7～9年的，自下一年度起继续减缴年费直至10年；处于授权当年起10年及10年以上的，不再减缴年费。

4. 对进入实质审查阶段的发明专利申请，在第一次审查意见通知书答复期限届满前（已提交答复意见的除外）主动申请撤回的，可以请求退还50%的专利申请实质审查费。

**申请条件**

1. 专利申请人或者专利权人符合下列条件之一的，可以向国家知识产权局请求减缴上述收费：

（1）上年度月均收入低于 5000 元（年 6 万元）的个人；

（2）上年度企业应纳税所得额低于 100 万元的企业；

（3）事业单位、社会团体、非营利性科研机构。

两个或者两个以上的个人或者单位为共同专利申请人或者共有专利权人的，应当分别符合上述规定。

2. 专利收费减缴请求有下列情形之一的，不予批准：

（1）未使用国家知识产权局制定的收费减缴请求书的；

（2）收费减缴请求书未签字或者盖章的；

（3）收费减缴请求不符合本办法第二条或者第三条规定的；

（4）收费减缴请求的个人或者单位未提供符合本办法第七条规定的证明材料的；

（5）收费减缴请求书中的专利申请人或者专利权人的姓名或者名称，或者发明创造名称，与专利申请书或者专利登记簿中的相应内容不一致的。

**申请流程**

减缴备案。申请人或者专利权人请求减缴专利收费，应当登录专利事务服务系统（http://cpservice.sipo.gov.cn）办理费用减缴备案，经审核备案合格后再行提交费用减缴请求书。

↓

减缴申请。费用减缴请求是在提出专利申请的同时提出，可以一并请求减缴上述费用。提出专利申请之后只能请求减缴除申请费外尚未到期费用，但该请求最迟应当在有关费用缴纳期限届满前二个半月之前提出。

↓

审核审批。费用减缴请求由国家知识产权局或专利代办处审批。国家知识产权局或者专利代办处将同意减缴的比例通知申请人或专利权人。

## 七、专利优先审查

### 政策依据

《专利优先审查管理办法》（国家知识产权局令第七十六号）

### 适用范围

1. 下列专利申请或者案件的优先审查适用本办法：

（1）实质审查阶段的发明专利申请；

（2）实用新型和外观设计专利申请；

（3）发明、实用新型和外观设计专利申请的复审；

（4）发明、实用新型和外观设计专利的无效宣告。

2. 依据国家知识产权局与其他国家或者地区专利审查机构签订的双边或者多边协议开展优先审查的，按照有关规定处理，不适用上述办法。

### 政策内容

国家知识产权局同意进行优先审查的，应当自同意之日起，在以下期限内结案：

1. 发明专利申请在四十五日内发出第一次审查意见通知书，并在一年内结案。

2. 实用新型和外观设计专利申请在两个月内结案。

3. 专利复审案件在七个月内结案。

4. 发明和实用新型专利无效宣告案件在五个月内结案，外观设计专利无效宣告案件在四个月内结案。

## 申请条件

1. 有下列情形之一的专利申请或者专利复审案件，可以请求优先审查：

（1）涉及节能环保、新一代信息技术、生物、高端装备制造、新能源、新材料、新能源汽车、智能制造等国家重点发展产业；

（2）涉及各省级和设区的市级人民政府重点鼓励的产业；

（3）涉及互联网、大数据、云计算等领域且技术或者产品更新速度快；

（4）专利申请人或者复审请求人已经做好实施准备或者已经开始实施，或者有证据证明他人正在实施其发明创造；

（5）就相同主题首次在中国提出专利申请又向其他国家或者地区提出申请的该中国首次申请；

（6）其他对国家利益或者公共利益具有重大意义需要优先审查。

2. 有下列情形之一的无效宣告案件，可以请求优先审查：

（1）针对无效宣告案件涉及的专利发生侵权纠纷，当事人已请求地方知识产权局处理、向人民法院起诉或者请求仲裁调解组织仲裁调解；

（2）无效宣告案件涉及的专利对国家利益或者公共利益具有重大意义。

3. 对专利申请、专利复审案件提出优先审查请求，应当经全体申请人或者全体复审请求人同意；对无效宣告案件提出优先审查请求，应当经无效宣告请求人或者全体专利权人同意。

处理、审理涉案专利侵权纠纷的地方知识产权局、人民法院或者仲裁调解组织可以对无效宣告案件提出优先审查请求。

## 申请流程

优先审查申请。申请人提出专利申请优先审查请求，并递交（面交或寄交）申请文件。

↓

审查推荐。地方知识产权局根据申请人提交的优先审查请求，经审查合格出具推荐意见，由国家知识产权局专利局地方代办处或申请人上传系统。

↓

受理通知。国家知识产权局受理和审核优先审查请求后，将审核意见通知优先审查请求人，并下达优先审查通知书。

答复补正。对于优先审查的专利申请，申请人应当尽快做出答复或者补正。申请人答复发明专利审查意见通知书的期限为通知书发文日起两个月，申请人答复实用新型和外观设计专利审查意见通知书的期限为通知书发文日起十五日。

## 八、技术转移示范机构

### 政策依据

《国家技术转移示范机构管理办法》（国科发火字〔2007〕565号）

关于印发《国家技术转移示范机构评价指标体系（修订稿）》的通知（国科火字〔2016〕12号）

### 适用范围

技术转移是指制造某种产品、应用某种工艺或提供某种服务的系统知识，通过各种途径从技术供给方向技术需求方转移的过程。技术转移机构是指为实现和加速上述过程提供各类服务的机构，包括技术经纪、技术集成与经营、技术投融资服务机构等，但单纯提供信息、法律、咨询、金融等服务的除外。

技术转移机构可以是独立的法人机构、法人的内设机构。

### 政策内容

根据《中华人民共和国促进科技成果转化法》《中华人民共和国中小企业促进法》等法律、法规及《国家技术转移促进行动实施方案》，各地政府及其相关部门应在财政、税收、人才等方面为技术转移机构提供政策支持。

国务院科技行政部门将技术转移机构的管理工作纳入国家创新环境与产业

化建设的内容。在国家科技计划中安排技术转移经费，对国家技术转移示范机构的技术转移行为进行补助以支持其能力建设。

地方和行业科技行政部门要将技术转移机构的管理工作纳入当地及本行业的科技发展计划，为技术转移机构的建设和发展提供必要的经费和条件支持。

国务院科技行政部门将不定期对国家技术转移示范机构的工作进行评价和总结，并对做出突出贡献的单位和个人给予表彰。

**申请条件**

1. 业务范围

技术转移机构的主要功能是促进知识流动和技术转移，其业务范围是：对技术信息的搜集、筛选、分析、加工；技术转让与技术代理；技术集成与二次开发；提供中试、工程化等设计服务、技术标准、测试分析服务等；技术咨询、技术评估、技术培训、技术产权交易、技术招标代理、技术投融资等服务；提供技术交易信息服务平台、网络等；其他有关促进技术转移的活动。

2. 基本条件

（1）符合国家产业政策，发展方向明确，有符合本机构实际情况和发展要求的经营理念。

（2）有适合机构本身发展要求的独特商业模式、特色经营项目和核心竞争力。

（3）有两年以上从事技术转移业务的经历。

（4）有符合条件的经营场所；有满足经营要求的办公设备和条件；有独立的网站；有稳定的客户群及长期合作伙伴。

（5）机构主要领导者具有较强的开拓创新精神、丰富的实践经验及较高的管理水平；有符合规定的专职人员，综合性技术转移机构专职人员在 20 人以上；人员结构及部门设置合理，管理人员中具有大专以上学历的占 80% 以上；科技人员的比例不得低于本机构从业人员总数的 60%。

（6）管理规范，规章制度健全，有明确的从事技术转移服务的章程、客户管理服务规范和程序、健全的内部管理制度、科学合理的员工激励和惩处制度。

（7）有较显著的服务业绩，经营状况良好。

（8）在行业内有较高的认知度和知名度；连续两年无投诉、无诉讼，或有投诉但机构无责任，有诉讼但从未败诉。

**申请流程**

企业申请。各省（区、市）、计划单列市科技厅（委、局），新疆生产建设兵团技术市场管理部门负责本辖区内国家技术转移示范机构申报的组织管理工作。各地组织管理部门和申报机构均需登录国家技术转移示范机构管理系统，进行网上申报、审核和提交。

↓

初审推荐。各组织管理部门需对本辖区技术转移机构进行初审，按推荐限额确定申报机构后，凭科技部火炬中心分配的用户名和密码登录国家技术转移示范机构管理系统，在用户管理中添加申报机构名称，设置申报机构用户名和密码，并告知申报机构登录系统填报。

↓

机构填报。申报机构登录国家技术转移示范机构管理系统，按要求在线填写申报材料。各组织管理部门对申报材料审核通过后，按期将申报材料在线提交至科技部火炬中心。

↓

评审备案。科技部火炬中心组织专家对申报单位进行评审。评审通过后，入选的申报机构需在系统中在线打印材料并装订成册，报送各组织管理部门。各组织管理部门将本辖区内入选机构的纸质材料一份和汇总表寄送我中心留作备案。材料需加盖申报单位公章和组织管理部门公章。

## 九、技术转让、技术开发和与之相关的技术咨询、技术服务免征增值税

**政策依据**

《财政部　国家税务总局关于全面推开营业税改征增值税试点的通知》（财

税〔2016〕36号）附件3《营业税改征增值税试点过渡政策的规定》第一条第（二十六）项

**适用范围**

提供技术转让、技术开发和与之相关的技术咨询、技术服务的纳税人。

**优惠内容**

纳税人提供技术转让、技术开发和与之相关的技术咨询、技术服务免征增值税。

**符合条件**

1. 技术转让、技术开发，是指《销售服务、无形资产、不动产注释》中“转让技术”“研发服务”范围内的业务活动。技术咨询，是指就特定技术项目提供可行性论证、技术预测、专题技术调查、分析评价报告等业务活动。

2. 与技术转让、技术开发相关的技术咨询、技术服务，是指转让方（或者受托方）根据技术转让或者开发合同的规定，为帮助受让方（或者委托方）掌握所转让（或者委托开发）的技术，而提供的技术咨询、技术服务业务，且这部分技术咨询、技术服务的价款与技术转让或者技术开发的价款应当在同一张发票上开具。

3. 试点纳税人申请免征增值税时，须持技术转让、开发的书面合同，到纳税人所在地省级科技主管部门进行认定，并持有关的书面合同和科技主管部门审核意见证明文件报主管税务机关备查。

**工作流程**

试点纳税人申请免征增值税时，须持技术转让、开发的书面合同，到纳税人所在地省级科技主管部门进行认定，并持有关的书面合同和科技主管部门审核意见证明文件报主管税务机关备查。

## 十、技术转让所得减免企业所得税

### 政策依据

《国家税务总局关于技术转让所得减免企业所得税有关问题的公告》（国家税务总局公告2013年第62号）

《国家税务总局关于许可使用权技术转让所得企业所得税有关问题的公告》（国家税务总局公告2015年第82号）

### 适用范围

符合有关要求的居民企业。

### 政策内容

1. 与技术转让相关并符合有关条件的技术咨询、技术服务、技术培训，可以计入技术转让收入，享受技术转让所得减免企业所得税。

2. 5年以上非独占许可使用权取得的技术转让所得，纳入享受企业所得税优惠的技术转让所得范围。居民企业的年度技术转让所得不超过500万元的部分，免征企业所得税；超过500万元的部分，减半征收企业所得税。

### 申请条件

1. 可以计入技术转让收入的技术咨询、技术服务、技术培训收入，是指转让方为使受让方掌握所转让的技术投入使用、实现产业化而提供的必要的技术咨询、技术服务、技术培训所产生的收入，并应同时符合以下条件：

（1）在技术转让合同中约定的与该技术转让相关的技术咨询、技术服务、技术培训。

（2）技术咨询、技术服务、技术培训收入与该技术转让项目收入一并收取价款。

2. 转让5年以上非独占许可使用权取得的技术转让所得减免企业所得税，须符合以下条件：

（1）享受优惠的技术转让主体是《企业所得税法》规定的居民企业。

（2）技术转让的范围，包括专利（含国防专利）、计算机软件著作权、集成电路布图设计专有权、植物新品种权、生物医药新品种，以及财政部和国家税务总局确定的其他技术。其中，专利是指法律授予独占权的发明、实用新型及非简单改变产品图案和形状的外观设计。

（3）技术转让，是指居民企业转让其拥有上述范围内技术的所有权，或5年以上（含5年）全球独占许可使用权。

（4）技术转让应签订技术转让合同。其中，境内的技术转让需经省级以上（含省级）科技部门认定登记，跨境的技术转让需经省级以上（含省级）商务部门认定登记，涉及财政经费支持产生技术的转让，需省级以上（含省级）科技部门审批。

### 申请流程

纳税人应在汇算清缴期间向主管税务机关提交上述资料，主管税务机关在7个工作日内完成登记备案工作，并告知纳税人执行。

## 十一、股权奖励分期缴纳个人所得税

### 政策依据

《国家税务总局关于股权奖励和转增股本个人所得税征管问题的公告》（国家税务总局公告2015年第80号）

《财政部　国家税务总局关于将国家自主创新示范区有关税收试点政策推广到全国范围实施的通知》（财税〔2015〕116号）

### 适用范围

高新技术企业的有关技术人员、经营管理人员。

**政策内容**

自 2016 年 1 月 1 日起，全国范围内的高新技术企业转化科技成果给予本企业相关技术人员的股权奖励，个人一次缴纳税款有困难的，可根据实际情况自行制订分期缴税计划，在不超过 5 个公历年度内（含）分期缴纳，并将有关资料报主管税务机关备案。

**申请条件**

1. 实施股权激励的企业是查账征收和经省级高新技术企业认定管理机构认定的高新技术企业。

2. 必须是转化科技成果实施的股权奖励。

3. 相关技术人员，是指经公司董事会和股东大会决议批准获得股权奖励的以下两类人员：

（1）对企业科技成果研发和产业化做出突出贡献的技术人员，包括企业内关键职务科技成果的主要完成人，重大开发项目的负责人，对主导产品或者核心技术、工艺流程做出重大创新或者改进的主要技术人员。

（2）对企业发展做出突出贡献的经营管理人员，包括主持企业全面生产经营工作的高级管理人员，负责企业主要产品（服务）生产经营合计占主营业务收入（或者主营业务利润）50% 以上的中、高级经营管理人员。

**申请流程**

分期缴税计划由纳税人根据自身情况自主制定。企业应于发生股权奖励或转增股本次月 15 日内按照《公告》规定，将有关资料报主管税务机关备案。在分期缴税期间，分期缴税计划需要进行变更调整的，应重新向主管税务机关办理备案手续。

## 十二、向个人股东转增股本分期缴纳个人所得税

### 政策依据

《国家税务总局关于股权奖励和转增股本个人所得税征管问题的公告》（国家税务总局公告2015年第80号）

《财政部　国家税务总局关于将国家自主创新示范区有关税收试点政策推广到全国范围实施的通知》（财税〔2015〕116号）

### 适用范围

中小高新技术企业的个人股东。

### 政策内容

自2016年1月1日起，全国范围内的中小高新技术企业以未分配利润、盈余公积、资本公积向个人股东转增股本时，个人股东一次缴纳个人所得税确有困难的，可根据实际情况自行制订分期缴税计划，在不超过5个公历年度内（含）分期缴纳，并将有关资料报主管税务机关备案。

### 申请条件

中小高新技术企业是在中国境内注册的实行查账征收的、经认定取得高新技术企业资格，且年销售额和资产总额均不超过2亿元、从业人数不超过500人的企业。

### 申请流程

在不超过5个公历年度内（含）分期缴纳，并将有关资料报主管税务机关备案。

## 十三、技术成果投资入股递延缴纳所得税

### 政策依据

《财政部　国家税务总局关于完善股权激励和技术入股有关所得税政策的通知》（财税〔2016〕101号）

《国家税务总局关于股权激励和技术入股所得税征管问题的公告》（国家税务总局公告2016年第62号）

### 适用范围

以技术成果投资入股的企业或个人。

### 政策内容

企业或个人以技术成果投资入股到境内居民企业，被投资企业支付的对价全部为股票（权）的，投资入股当期可暂不纳税，允许递延至转让股权时，按股权转让收入减去技术成果原值和合理税费后差额计算缴纳所得税。

### 申请条件

1. 技术成果是指专利技术（含国防专利）、计算机软件著作权、集成电路布图设计专有权、植物新品种权、生物医药新品种，以及科技部、财政部、国家税务总局确定的其他技术成果。

2. 适用递延纳税政策的企业，为实行查账征收的居民企业且以技术成果所有权投资。

### 申请流程

企业或个人以技术成果投资入股到境内居民企业，被投资企业支付的对价全部为股票（权）的，企业或个人可选择继续按现行有关税收政策，在发生应税行为的次月15日内向主管税务机关申报纳税。一次性缴税有困难的，自发生应税行为之日起不超过5个公历年度内（含）分期缴纳个人所得税。

企业或个人也可以选择适用递延纳税优惠政策。经向主管税务机关备案，投资入股当期可暂不纳税，允许递延至转让股权时，按股权转让收入减去技术成果原值和合理税费后的差额计算缴纳所得税。

## 十四、由国家级、省部级及国际组织对科技人员颁发的科技奖金免征个人所得税

**政策依据**

《中华人民共和国个人所得税法》第四条第一项

**适用范围**

科技人员。

**政策内容**

省级人民政府、国务院部委和中国人民解放军军以上单位，以及外国组织、国际组织颁发的科学、技术方面的奖金，免征个人所得税。

**申请条件**

科技奖金由国家级、省部级、解放军军以上单位，以及外国组织、国际组织颁发。

## 十五、职务科技成果转化现金奖励减免个人所得税

**政策依据**

《财政部　税务总局　科技部关于科技人员取得职务科技成果转化现金奖励有关个人所得税政策的通知》（财税〔2018〕58号）

**适用范围**

科技人员。

**政策内容**

依法批准设立的非营利性研究开发机构和高等学校根据《中华人民共和国促进科技成果转化法》规定，从职务科技成果转化收入中给予科技人的现金奖励，可减按50%计入科技人员当月“工资、薪金所得”，依法缴纳个人所得税。

**申请条件**

1. 非营利性研究开发机构和高等学校，是指同时满足以下条件的科研机构和高校：

（1）根据《民办非企业单位登记管理暂行条例》在民政部门登记，并取得《民办非企业单位登记证书》。

（2）对于民办非营利性科研机构，其《民办非企业单位登记证书》记载的业务范围应属于“科学研究与技术开发、成果转让、科技咨询与服务、科技成果评估”范围。对业务范围存在争议的，由税务机关转请县级（含）以上科技行政主管部门确认。

对于民办非营利性高校，应取得教育主管部门颁发的《民办学校办学许可证》，《民办学校办学许可证》记载学校类型为“高等学校”。

（3）经认定取得企业所得税非营利组织免税资格。

2. 科技人员享受上述税收优惠政策，须同时符合以下条件：

（1）科技人员是指非营利性科研机构和高校中对完成或转化职务科技成果

做出重要贡献的人员。非营利性科研机构和高校应按规定公示有关科技人员名单及相关信息（国防专利转化除外），具体公示办法由科技部会同财政部、税务总局制定。

（2）科技成果是指专利技术（含国防专利）、计算机软件著作权、集成电路布图设计专有权、植物新品种权、生物医药新品种，以及科技部、财政部、税务总局确定的其他技术成果。

（3）科技成果转化是指非营利性科研机构和高校向他人转让科技成果或者许可他人使用科技成果。现金奖励是指非营利性科研机构和高校在取得科技成果转化收入三年（36 个月）内奖励给科技人员的现金。

（4）非营利性科研机构和高校转化科技成果，应当签订技术合同，并根据《技术合同认定登记管理办法》，在技术合同登记机构进行审核登记，并取得技术合同认定登记证明。

非营利性科研机构和高校应健全科技成果转化的资金核算，不得将正常工资、奖金等收入列入科技人员职务科技成果转化现金奖励享受税收优惠。

# 第五部分　科技金融

**导读** 科技金融是指通过创新财政科技投入方式，引导和促进银行业、证券业、保险业金融机构及创业投资等各类资本，创新金融产品，改进服务模式，搭建服务平台，实现科技创新链条与金融资本链条的有机结合，为初创期到成熟期各发展阶段的科技企业提供融资支持和金融服务的一系列政策和制度的系统安排。目前，我国科技金融主要呈现基金、多层次股权融资和股权众筹等形态。为进一步加强科技金融统筹布局，国家陆续批准了首批“促进科技与金融结合”试点地区、国内首个科技金融改革创新试验区——武汉城市圈。《中国科技金融生态年度观察（2018）》显示，我国创业投资市场规模进一步扩大，科技型中小微企业信贷总量持续增长，多层次资本市场融资服务更加成熟，科技保险产品创新覆盖企业全生命周期，绿色金融的中国实践全面展开。

## 一、国家科技成果转化引导基金设立创业投资子基金

### 政策依据

《国家科技成果转化引导基金设立创业投资子基金管理暂行办法》（国科发财〔2014〕229号）

### 适用范围

科技部按照《国家科技成果转化引导基金管理暂行办法》和本办法规定的条件和程序批准出资设立子基金。设立方式包括与民间资本、地方政府资金及其他投资者共同发起设立，或对已有创业投资基金增资设立等。科技部、财政

部委托引导基金的受托管理机构受理子基金的设立申请。

**政策内容**

1. 子基金应当在中国大陆境内注册，募集资金总额不低于 10 000 万元人民币，且以货币形式出资，经营范围为创业投资业务，组织形式为公司制或有限合伙制。

2. 引导基金对子基金的参股比例为子基金总额的 20% ～ 30%，且始终不作为第一大股东或最大出资人；子基金的其余资金应依法募集，境外出资人应符合国家相关规定。

3. 子基金存续期一般不超过 8 年。在子基金股权资产转让或变现受限等情况下，经子基金出资人协商一致，最多可延长 2 年。

**申请条件**

1. 在中国大陆境内注册的投资企业或创业投资管理企业可以作为申请者，向科技部、财政部申请设立子基金。多家投资机构拟共同发起子基金的，应推举一家机构作为申请者。

2. 申请者为投资企业的，其注册资本或净资产应不低于 5000 万元；申请者为创业投资管理企业的，其注册资本应不低于 500 万元。

3. 申请者应当确定一家创业投资管理企业作为拟设立的子基金的管理机构。该管理机构应具备以下条件：

（1）在中国大陆境内注册，主要从事创业投资业务；

（2）具有完善的创业投资管理和风险控制流程，规范的项目遴选和投资决策机制，健全的内部财务管理制度，能够为所投资企业提供创业辅导、管理咨询等增值服务；

（3）至少有 3 名具备 5 年以上创业投资或相关业务经验的专职高级管理人员；在国家重点支持的高新技术领域内，至少有 3 个创业投资成功案例；

（4）应参股子基金或认缴子基金份额，且出资额不得低于子基金总额的 5‰；

（5）企业及其高级管理人员无重大过失，无受行政主管机关或司法机关处罚的不良记录。

### 申请流程

申请和初审。申请者向受托管理机构提交申请材料。受托管理机构收到申请后，应对申请材料进行初审。对于不符合要求的，应及时通知申请者补充完善；对于符合要求的，应在规定时间内组织开展尽职调查，形成调查报告，并向引导基金理事会提交调查报告和子基金设立方案。

↓

审核。引导基金理事会依据《国家科技成果转化引导基金理事会规程》的相关规定，对调查报告和子基金设立方案进行审核，形成审核意见。

↓

审查公告。科技部根据引导基金理事会的审核意见，对子基金设立方案进行合规性审查。对于符合设立条件的，科技部商财政部同意后向社会公示，公示期为10个工作日；公示无异议的，批准出资设立子基金，并向社会公告。

## 二、国家科技成果转化引导基金贷款风险补偿资金

### 政策依据

《国家科技成果转化引导基金贷款风险补偿管理暂行办法》（国科发资〔2015〕417号）

### 适用范围

贷款风险补偿是指转化基金对合作银行发放用于转化国家科技成果转化项目库中科技成果的贷款给予一定的风险补偿。

## 政策内容

转化基金按照政府引导、共同支持、风险分担、适当补偿的原则，与设立贷款风险补偿资金的省、自治区、直辖市、计划单列市等联合实施贷款风险补偿工作。省市科技部门、财政部门应根据本办法，与合作银行省市机构等协商制定本地开展贷款风险补偿工作的具体实施方案，报科技部、财政部备案。

科技部、财政部委托转化基金受托管理机构负责科技成果转化贷款风险补偿日常管理工作。受托管理机构通过招标确定合作银行，向社会公告；报科技部、财政部批准后，与合作银行签订贷款风险补偿合作协议。合作协议有效期一般为三年。

对合作银行年度风险补偿额按照合作银行当年实际发放的科技成果转化贷款额进行核定，最高不超过合作银行当年实际发放的科技成果转化贷款额的2%。具体比例另行核定。

## 申请条件

1. 合作银行应具备下列条件：

（1）在中国大陆境内注册，具有开展人民币贷款业务资格的银行业金融机构；

（2）自身实力较强，服务网点较多；

（3）资产状况良好，科技信贷管理机制较完善，具有较强的风险控制能力和较好的经营业绩，无重大违法违规行为。

2. 科技成果转化贷款应符合以下条件：

（1）向年销售额 3 亿元以下的科技型中小企业发放用于科技成果转化和产业化的贷款；

（2）贷款期限为 1 年期（含 1 年）以上。

3. 合作银行应明确科技成果转化贷款的条件、标准和程序等，并在转化基金及合作银行等网站上公布。对于符合条件的贷款，合作银行应在综合评审、合理定价、风险可控的条件下积极支持，降低贷款成本，提高贷款效率。

**申请流程**

情况报送。合作银行省市机构向省级科技部门报送在当地发生的科技成果转化贷款项目及贷款情况。

↓

项目确认。省级科技部门会同同级财政部门确认科技成果转化贷款项目，并将确认结果反馈合作银行省市分支机构，同时报送受托管理机构。

↓

补偿申请。合作银行总行根据各省市分支机构上一年度发生的经确认的科技成果转化贷款项目情况，于每年第一季度向受托管理机构提交贷款风险补偿申请。

↓

补偿方案拟定。受托管理机构拟定年度贷款风险补偿方案，提交转化基金理事会审议；转化基金理事会审议年度贷款风险补偿方案，受托管理机构根据转化基金理事会的审议意见，向科技部提交年度贷款风险补偿方案。

↓

方案审批和经费拨付。科技部审批贷款风险补偿方案；财政部批复年度贷款风险补偿经费预算，并拨付至合作银行总行。

## 三、战略性新兴产业发展基金

**政策依据**

《关于共同发起设立战略性新兴产业发展基金的战略合作备忘录》（国家发展改革委、中国建设银行）

《建设银行关于子公司出资战略性新兴产业发展基金的公告》（2018 年 11 月）

**基金介绍**

为全面落实《中华人民共和国国民经济和社会发展第十三个五年规划纲要》和《"十三五"国家战略性新兴产业发展规划》，加快建设实体经济、科技创新、现代金融、人力资源协同发展的产业体系，培育发展新动能，强化金融支撑战略性新兴产业发展的能力，国家发展改革委与中国建设银行将建立战略合作机制，以支持战略性新兴产业发展壮大为目标，共同发起设立国家级战略性新兴产业发展基金（暂定名，以最终市场监督管理机构登记名称为准），并通过设立子基金等方式进一步吸引社会资金，基金目标规模约3000亿元。

**基金规模**

建信人寿保险股份有限公司拟出资金额为30亿元人民币，建银国际（控股）有限公司拟出资金额为10亿元人民币，建信金融资产投资有限公司拟出资金额为8亿元人民币，建信信托有限责任公司拟出资金额为5亿元人民币。建信人寿、建银国际、建信投资、建信信托合称4家子公司，拟对基金出资总额为53亿元人民币。合伙企业的经营期限预计为10年。

**投资范围**

基金重点关注战略性新兴产业，具体投资范围包括：

1. 基金作为有限合伙人，在中国境内对从事股权投资及从事夹层投资、可转换债、可交换债券和债转股等具有类似股权性质投资业务的私募股权投资基金（即子基金）进行投资；

2. 基金对目标公司或目标项目进行直接投资。

## 四、中国高新区国际人才发展专项基金

### 政策依据

《中国高新区国际人才发展专项基金管理办法（暂行）》（科技部火炬中心 2019 年 3 月）

### 适用范围

在国家高新区管理服务体系中增加国际人才建设新机制，为国家高新区人才建设引入更多社会资源，利用社会捐赠资金，专门支持国家高新区国际化人才培养与国际化人才交流。北京法政实业集团有限公司捐赠 1000 万元人民币作为专项基金启动资金，北京法政实业集团将持续募集资金，计划筹集 10 期，总计 1 亿元人民币。专项基金将以项目形式支持国家高新区引进、培养国内外相关领域高精尖专项人才和举办人才主题跨国（境）交流合作活动。

### 资助额度

单一项目申请资助 30 万元人民币以下的，项目申请单位须在项目完成后 2 个月内提交总结报告；30 万元人民币以上（含 30 万元）的，须在项目完成后 3 个月内提交总结报告和审计报告。单一项目申请额度最高限额为 80 万元人民币。

### 申请条件

1. 申报机构条件。申报专项基金的主体须为国家高新区管理委员会及国家高新区所属企事业法人单位。每年每个国家高新区申请项目数量不得超过 2 个，且必须符合当年专项基金的支持方向。

2. 资助范围。重点支持项目类型为：

（1）国际化培训。境外师资力量在境内开办知识讲座、技术培训、管理运营、专项指导等阶段性和常态化培训项目。

（2）举办与人才相关的跨境交流活动。契合各国家高新区产业特色，结合行业技术前沿及市场发展态势，在境内外有针对性地举办各类交流活动，如高

峰论坛、行业峰会、研讨会等。

（3）举办国际化创新创业赛事。联合专业机构、权威单位等业务和资源优势，常态化举办的跨境创新创业大赛。

（4）引进国际化创新创业人才。灵活采用多种方式，如依托重大项目、创新平台、人才计划、产业联盟、创业基地等，引进能够突破关键技术、带动新兴学科、引领产业发展的全球高层次创新创业人才。

（5）引入国际职业资格认证。对标国际标准，引入国际公认、权威的职业资格认证体系。

（6）其他相关国际化人才主题交流合作项目。

**申请流程**

项目申报。科技部火炬中心每年发布专项基金项目年度申请通知，申报单位按照申报要求向专项基金办公室提交电子版、纸制版项目申请表一式 5 份。专项基金办公室进行形式审查，通过形式审查的项目将在项目征集截止日期之后 30 天内于火炬中心网站公示。

↓

项目评审。专项基金办公室将形式审查合格的申报材料提交专家委员会进行专业评审。

↓

项目公示。根据专家委员会评审结果，专项基金办公室报请专项基金管理委员会批准在科技部火炬中心及中国国际人才交流基金会网站公示拟立项项目清单。

↓

项目立项。公示结束后，专项基金管理委员会最终批准立项，专项基金办公室向项目申报单位下发立项通知书。项目执行单位与中国国际人才交流基金会签订《专项基金项目资助计划书》，主要包括项目情况、甲乙双方的义务和责任，以及其他事项。

## 五、创新创业公司债券试点

### 政策依据

《中国证监会关于开展创新创业公司债券试点的指导意见》（中国证券监督管理委员会公告〔2017〕10号）

《非公开发行公司债券挂牌转让规则》（上证发〔2018〕110号）

《全国中小企业股份转让系统业务规则（试行）》

《中国证券登记结算有限责任公司非公开发行公司债券登记结算业务实施细则》

《非上市公司非公开发行可转换公司债券业务实施办法》（上证发〔2019〕89号）

### 政策介绍

创新创业公司债券试点始于2017年，旨在推动资本市场精准服务创新创业，优化种子期、初创期、成长期的创新创业企业的资本形成机制，有效增加创新创业金融供给，完善金融供给结构，探索交易所债券市场服务实体经济新模式，促进资本市场更好地服务于供给侧结构性改革。

2019年，中国证监会指导上海证券交易所、深圳证券交易所分别联合全国中小企业股份转让系统有限责任公司、中国证券登记结算有限责任公司发布了《非上市公司非公开发行可转换公司债券业务实施办法》，扩大创新创业公司债券试点范围，支持非上市公司非公开发行可转换公司债券，加强对民营企业的金融服务。

### 适用范围

1. 支持以下公司发行创新创业公司债：

（1）注册或主要经营地在国家“双创”示范基地、全面创新改革试验区域、国家综合配套改革试验区、国家级经济技术开发区、国家高新技术产业园区和国家自主创新示范区等创新创业资源集聚区域内的公司；

（2）已纳入全国中小企业股份转让系统（新三板）创新层的挂牌公司。

2. 支持非上市公司非公开发行可转换公司债券。可转换公司债券，是指发行人依照法定程序非公开发行，在一定期间内依照约定的条件可以转换成公司股份的公司债券。股票未在证券交易所上市的股份有限公司非公开发行可转换债券并在上交所挂牌转让的，适用本规定。

**符合条件**

1. 创新创业公司债

非公开发行的创新创业公司债，可以附可转换成股份的条款。附可转换成股份条款的创新创业公司债，应当符合中国证监会相关监管规定。债券持有人行使转股权后，发行人股东人数不得超过200人。新三板挂牌公司发行的附可转换成股份条款的创新创业公司债，转换成挂牌公司股份时，减免股份登记费用及转换手续费。

具体要求按照上海证券交易所、全国中小企业股份转让系统有限责任公司、中国证券登记结算有限责任公司相关配套规则执行。

2. 可转换公司债券

（1）除满足非公开发行公司债券挂牌转让条件外，还应当符合下列条件：发行人为股份有限公司；发行人股票未在证券交易所上市；可转换债券发行前，发行人股东人数不超过200人，证监会另有规定的除外；可转换债券的存续期限不超过6年；上交所规定的其他条件。

可转换债券申请在上交所挂牌转让的，发行人应当在可转换债券发行前按照相关规定向上交所提交挂牌转让申请文件，由上交所确认是否符合挂牌条件。

（2）发行人为全国中小企业股份转让系统挂牌公司的，上交所确认其是否符合挂牌转让条件时，向全国股转公司征询意见。

## 六、银行业金融机构投贷联动试点

### 政策依据

《关于支持银行业金融机构加大创新力度开展科创企业投贷联动试点的指导意见》（银监发〔2016〕14号）

### 政策介绍

投贷联动是指银行业金融机构以“信贷投放”与本集团设立的具有投资功能的子公司“股权投资”相结合的方式，通过相关制度安排，由投资收益抵补信贷风险，实现科创企业信贷风险和收益的匹配，为科创企业提供持续资金支持的融资模式。通过开展投贷联动试点，推动银行业金融机构基于科创企业成长周期前移金融服务，为种子期、初创期、成长期的科创企业提供资金支持，有效增加科创企业金融供给总量，优化金融供给结构，探索推动银行业金融机构业务创新发展。

### 适用范围

本政策适用于试点银行业金融机构面向试点地区的科创企业开展的投贷联动业务。

试点省（市）银监局应依据本指导意见，结合各级政府支持科技创新的有关政策，因地制宜制定辖内试点机构开展投贷联动业务的具体实施方案，加强事中事后管理；试点银行业金融机构应向监管部门报送试点方案；试点省（市）银监局制定的投贷联动具体实施方案及辖内试点机构试点方案应按照《银监会机关监管运行操作规程（试行）》要求报送银监会备案；新设投资功能子公司和科技金融专营机构按照行政许可程序报批。

### 符合条件

1. 科创企业。是指试点地区内符合下列条件之一的科技型中小微企业：

（1）满足高新技术企业认定条件、获得国家高新技术企业证书；

（2）经试点地区政府认定且纳入地方政府风险补偿范畴；

（3）经银行业金融机构审慎筛查后认定。

2. 试点银行业金融机构。投贷联动试点银行业金融机构应当具备以下条件：

（1）公司治理完善，监管评级良好；

（2）风险管控能力较强，投贷之间风险“防火墙”建设健全，能够严格隔离信贷业务和股权投资的风险，并表风险管理能力良好；

（3）具备相应的专业人才和业务创新能力、服务科创企业的能力；

（4）具备经董事会审议的投贷联动战略规划、实施方案和专门的管理制度；

（5）银监会要求的其他条件。

3. 试点地区。试点地区应当具备以下条件：

（1）科技资源较为丰富，科创企业聚集，创新创业生态系统较为完整；

（2）地方政府对科技创新支持力度大，对科创企业的管理和服务体系比较完备，已提供或承诺提供有效的风险分担机制等政策支持；

（3）社会诚信度较高，信用环境较好；

（4）区域内银行业金融机构管理稳健，经营状况良好；

（5）银监会要求的其他条件。

## 七、科技金融结合试点

### 政策依据

《关于印发促进科技和金融结合试点实施方案的通知》（国科发财〔2010〕720 号）

《关于组织申报第二批促进科技和金融结合试点的通知及第二批促进科技和金融结合试点方案》（国科办资〔2015〕67 号）

### 政策介绍

为了通过改革创新深化科技金融工作，推进大众创业、万众创新，加快实施创新驱动发展战略，从2010年起，科技部、中国人民银行、中国银监会、中国证监会、中国保监会联合开展“促进科技和金融结合试点”工作。

**总体目标**

1. 支持地方政府开展科技金融创新，选择10个试点城市，推动科技金融政策和创新举措在地方落地，促进科技成果转化，培育众创空间等新型科技企业孵化器和科技型中小企业，为区域经济转型升级提供良好的投融资环境。

2. 发挥试点地区的示范带动作用，建立和完善区域性科技金融服务体系，发展科技金融服务业，有效引导金融资本投入科技创新，缓解与突破科技型中小企业融资难、融资贵的问题和瓶颈，加快形成多元化、多层次、多渠道的投融资体系。

3. 研究与总结试点经验和模式，在更大范围内推广和应用可复制的范本，为中央和国务院制定科技金融创新政策奠定实践基础和提供政策储备。

**试点内容**

1. 试点地区可根据自身发展特点和条件，在规范发展的前提下，突出特色，大胆探索，先行先试。相关金融机构的总部（行）在内部管理流程、政策制度等方面应为试点提供必要的配套支持。在试点期内，试点地区应着重推进以下工作：创新科技投入方式与机制、完善科技金融组织体系、深化科技金融产品和服务创新、拓宽科技创新发展的融资渠道、创新科技金融市场体系、加快推进科技保险发展、充实科技金融服务体系。具体要求见《第二批促进科技和金融结合试点方案》。

2. 第三方绩效评估要求见《第二批促进科技和金融结合试点考核指标》。

## 八、知识产权质押融资

### 政策依据

《专利权质押登记办法》（国家知识产权局令第五十六号）
《关于商业银行知识产权质押贷款业务的指导意见》（银监发〔2013〕6号））
《关于进一步加强知识产权质押融资工作的通知》（银保监发〔2019〕34号）

### 政策介绍

知识产权质押融资，是指企业以合法拥有的专利权、商标权、著作权中的财产权经评估作为质押物从银行获得贷款的一种融资方式，旨在帮助科技型中小企业解决因缺少不动产担保而带来的资金紧张难题。自1996年国家知识产权局出台《专利权质押合同登记管理办法》以来，知识产权质押融资开始进入大众视野。从2006年开始，上海、北京、武汉、广州等地成为首批试点区域，知识产权质押融资才开始较大面积地试行。据统计，2019年第一季度银行业金融机构知识产权质押贷款业务户数6448户，比2018年年初增加1200余户；融资余额985亿元，比2018年年初增长98%。2018年新增专利权、商标专用权质押融资登记金额1224亿元，同比增长12.3%；新增著作权质押担保主债务登记金额79.6亿元。知识产权质押融资业务规模实现有序增长。

### 适用范围

重点支持知识产权密集的创新型（科技型）企业的知识产权质押融资需求。

### 开展情况

商业银行开展知识产权质押融资的主要经验和做法如下。

1. 积极发挥政策的引导作用。《关于商业银行知识产权质押贷款业务的指导意见》《关于大力推进体制机制创新　扎实做好科技金融服务的意见》《关于提升银行业服务实体经济质效的指导意见》等政策，就知识产权质押贷款业务的业务授权、业务流程、内部控制、风险管理、外部环境建设等方面提出监管意见和支持措施。部分银保监局结合当地经济条件和特色，制定知识产权质押融资的支持政策。

2. 商业银行改革经营理念、进行产品创新，有力推动知识产权质押融资业务发展。建设银行广东省分行开发“技术流”信贷评级产品，其结合企业的专利数量、结构和技术含量等指标数据，综合财务情况对企业进行授信，降低了初创型创新企业的融资门槛；浙江泰隆商业银行自主评估大部分商标权、专利权的价值，解决小微企业“融资难、融资急”问题，取得良好社会效应。

3. 部分地方政府提供多种形式的财政支持，引导鼓励商业银行开展知识产权质押融资业务。江苏、深圳等地方政府设立风险补偿资金，联合商业银行开发产品，支持开展知识产权质押融资。

4. 知识产权质押登记权限下放和改革试点为质押融资提供了便利。在质押登记较为便利的地区，企业和商业银行开展质押融资的积极性明显较高，企业获得融资的速度较快，登记便利化成为推动开展知识产权质押融资的优势。

**政策措施**

为深入贯彻落实国务院常务会议和《政府工作报告》关于“扩大知识产权质押融资”的工作部署，银保监会联合国家知识产权局、国家版权局发布了《关于进一步加强知识产权质押融资工作的通知》。包括 4 个方面的内容：强调优化知识产权质押融资服务体系，明确加强知识产权质押融资服务创新，要求健全知识产权质押融资风险管理，明确完善知识产权质押融资保障工作。同时，进一步提出了多条具体举措：

（1）鼓励商业银行在风险可控的前提下，通过单列信贷计划、专项考核激励等方式支持知识产权质押融资业务发展；

（2）鼓励商业银行在知识产权打包融资及地理标志、集成电路布图设计作为知识产权质押物的可行性等方面进行探索；

（3）规定商业银行知识产权质押融资不良率高出自身各项贷款不良率 3 个百分点（含）以内的，可不作为监管部门监管评级和银行内部考核评价的扣分因素等。

# 九、主板市场

## 政策依据

《中华人民共和国证券法》（中华人民共和国主席令　第三十七号）

《上海证券交易所公司债券上市规则》（上证发〔2018〕109 号）

《上海证券交易所股票上市规则》（上证发〔2019〕52 号）

《上海证券交易所证券投资基金上市规则（修订稿）》

《深圳证券交易所股票上市规则（2018 年 11 月修订）》（深证上〔2018〕556 号）

《深圳证券交易所公司债券上市规则（2018年修订）》（深证上〔2018〕610号）

《深圳证券交易所基金产品开发与创新服务指引（2019 年修订）》（深证会〔2019〕61 号）

## 市场介绍

主板市场（Main-board Market）也称为一板市场，指传统意义上的证券市场（通常指股票市场），是一个国家或地区证券发行、上市及交易的主要场所。中国大陆主板市场的公司在上交所和深交所两个市场上市。上交所主板股票代码以 60 开头，而深交所主板股票代码以 000 开头。主板市场是资本市场中最重要的组成部分，很大程度上能够反映经济发展状况，有"国民经济晴雨表"之称。

## 适用范围

1. 上交所。股票、存托凭证、可转换为股票的公司债券和其他衍生品种（以下统称股票及其衍生品种）在上交所发行上市；公开发行的公司债券在上交所上市交易；封闭式基金、交易型开放式指数基金及其他基金的份额在上交所上市。

2. 深交所。股票、存托凭证、可转换为股票的公司债券及其他衍生品种（以下统称股票及其衍生品种）在深交所发行上市；公开发行的公司债券在深交所上市交易，包括企业债券、境外注册公司发行的债券，以及国务院授权部门核准、批准的其他债券在本所的上市交易；基金管理人开发在本所挂牌的基金产品（包括常规产品和创新产品）。

**上市条件**

1. 上交所股票上市条件。发行人首次公开发行股票后申请其股票在本所上市，应当符合下列条件：①股票经中国证监会核准已公开发行；②公司股本总额不少于人民币 5000 万元；③公开发行的股份达到公司股份总数的 25% 以上；公司股本总额超过人民币 4 亿元的，公开发行股份的比例为 10% 以上；④公司最近 3 年无重大违法行为，财务会计报告无虚假记载；⑤本所要求的其他条件。

2. 上交所债券上市条件。应当符合下列条件：①符合《证券法》规定的上市条件；②经有权部门核准并依法完成发行；③债券持有人符合本所投资者适当性管理规定；④本所规定的其他条件。本所可以根据市场情况，调整债券上市条件。

3. 上交所基金上市条件。应符合下列条件：①基金募集经中国证监会注册且基金合同生效；②基金合同期限为 5 年以上；③基金募集金额不低于 2 亿元人民币；④基金份额持有人不少于 1000 人；⑤本所要求的其他条件。对于结构复杂、风险较高的基金，还应当有符合本所相关规定的投资者适当性管理安排。

4. 深交所股票上市条件。发行人首次公开发行股票后申请其股票在本所上市，应当符合下列条件：①股票已公开发行；②公司股本总额不少于 5000 万元；③公开发行的股份达到公司股份总数的 25% 以上；公司股本总额超过 4 亿元的，公开发行股份的比例为 10% 以上；④公司最近 3 年无重大违法行为，财务会计报告无虚假记载；⑤本所要求的其他条件。

5. 深交所债券上市条件。面向公众投资者和合格投资者公开发行的债券在本所上市时，可以采取集中竞价交易和大宗交易方式。仅面向合格投资者公开发行的债券在本所申请上市时，如债券上市时不能同时符合下列条件的，只能采取协议大宗交易方式：①债券信用评级达到 AA 级及以上；②发行人最近一期末的资产负债率或者加权平均资产负债率（以集合形式发行债券的）不高于 75%，或者发行人最近一期末的净资产不低于 5 亿元人民币；③发行人最近三个会计年度经审计的年均可分配利润不少于债券一年利息的 1.5 倍，以集合形式发行的债券，所有发行人最近三个会计年度经审计的加总年均可分配利润不少于债券一年利息的 1.5 倍；④本所规定的其他条件。

6. 深交所基金上市条件。基金管理人申请开发基金产品的，应当符合下列要求：①具备保障基金正常运作的人员配置、技术系统及相应的业务制度；②最近一年未发生重大运营风险事件；③已开发本所基金产品的，产品运营情况良好；④本所规定的其他要求。基金管理人申请开发的基金产品，应当符合下列要求：①产品定位清晰，具有明确的市场需求；②产品在认购、申购、赎回、交易、登记结算、估值和投资等方面不存在重大障碍；③符合相关法律法规，产品风险可以有效监测、防范和化解；④本所规定的其他要求。

## 十、新三板市场

### 政策依据

《国务院关于全国中小企业股份转让系统有关问题的决定》（国发〔2013〕49 号）

《全国中小企业股份转让系统业务规则（试行）》（2013 年修订）

《全国中小企业股份转让系统分层管理办法》（2019 年）

### 市场介绍

一板市场通常是指主板市场（含中小板），二板市场则是指创业板市场。相对于一板市场和二板市场而言，有业界人士将场外市场称为三板市场。三板市场的发展包括老三板市场和新三板市场两个阶段。老三板即 2001 年 7 月 16 日成立的“代办股份转让系统”，新三板则是在老三板的基础上产生的。2006 年，中关村科技园区非上市股份公司进入代办转让系统进行股份报价转让，称为“新三板”。

### 适用范围

非上市公众公司在全国股份转让系统挂牌的股票、可转换公司债券及其他证券品种。

### 分层管理

全国股转系统设置基础层、创新层和精选层，符合不同条件的挂牌公司分别纳入不同市场层级管理。挂牌公司所属市场层级及其调整，不代表全国中小企业股份转让系统有限责任公司对挂牌公司投资价值的判断。符合中国证监会、证券交易所和全国股转公司有关规定的精选层挂牌公司，可以直接向证券交易所申请上市交易。

1. 申请挂牌公司符合挂牌条件，但未进入创新层的，应当自挂牌之日起进入基础层。挂牌公司未进入创新层和精选层的，应当进入基础层。

2. 挂牌公司进入创新层，应当符合下列条件之一：①最近两年净利润均不低于 1000 万元，最近两年加权平均净资产收益率平均不低于 8%，股本总额不少于 2000 万元；②最近两年营业收入平均不低于 6000 万元，且持续增长，年均复合增长率不低于 50%，股本总额不少于 2000 万元；③最近有成交的 60 个做市或者集合竞价交易日的平均市值不低于 6 亿元，股本总额不少于 5000 万元；采取做市交易方式的，做市商家数不少于 6 家。

挂牌公司进入创新层，同时还应当符合下列条件：①公司挂牌以来完成过定向发行股票（含优先股），且发行融资金额累计不低于 1000 万元；②符合全国股转系统基础层投资者适当性条件的合格投资者人数不少于 50 人；③最近一年期末净资产不为负值；④公司治理健全，制定并披露股东大会、董事会和监事会制度、对外投资管理制度、对外担保管理制度、关联交易管理制度、投资者关系管理制度、利润分配管理制度和承诺管理制度，设立董事会秘书，且其已取得全国股转系统挂牌公司董事会秘书任职资格；⑤中国证监会和全国股转公司规定的其他条件。

3. 申请挂牌公司同时符合挂牌条件和下列条件的，自挂牌之日起进入创新层：①符合上述三选一条件第 1 条或第 2 条的规定，或者在挂牌时即采取做市交易方式，完成挂牌同时定向发行股票后，公司股票市值不低于6亿元，股本总额不少于5000万元，做市商家数不少于6家，且做市商做市库存股均通过本次定向发行取得；②完成挂牌同时定向发行股票，且融资金额不低于1000万元；③完成挂牌同时定向发行股票后，符合全国股转系统基础层投资者适当性条件的合格投资者人数不少于50人；④符合本办法第十二条第三项和第四项的规定；⑤不存在本办法第十三条第一项至第四项、第六项情形；⑥中国证监会和全国股转公司规定的其他条件。前款所称市值是指以申请挂牌公司挂牌同时定向发行价格计算的股票市值。

4. 在全国股转系统连续挂牌满12个月的创新层挂牌公司，可以申请公开发行并进入精选层。挂牌公司申请公开发行并进入精选层时，应当符合下列条件之一：①市值不低于2亿元，最近两年净利润均不低于1500万元且加权平均净资产收益率平均不低于8%，或者最近一年净利润不低于2500万元且加权平均净资产收益率不低于8%；②市值不低于4亿元，最近两年营业收入平均不低于1亿元，且最近一年营业收入增长率不低于30%，最近一年经营活动产生的现金流量净额为正；③市值不低于8亿元，最近一年营业收入不低于2亿元，最近两年研发投入合计占最近两年营业收入合计比例不低于8%；④市值不低于15亿元，最近两年研发投入合计不低于5000万元。前款所称市值是指以挂牌公司向不特定合格投资者公开发行价格计算的股票市值。

挂牌公司完成公开发行并进入精选层时，除应当符合上述规定条件外，还应当符合下列条件：①最近一年期末净资产不低于5000万元；②公开发行的股份不少于100万股，发行对象不少于100人；③公开发行后，公司股本总额不少于3000万元；④公开发行后，公司股东人数不少于200人，公众股东持股比例不低于公司股本总额的25%，公司股本总额超过4亿元的，公众股东持股比例不低于公司股本总额的10%；⑤中国证监会和全国股转公司规定的其他条件。

## 十一、中小板市场

### 政策依据

《深圳证券交易所设立中小企业板块实施方案》

《深圳证券交易所股票上市规则（2018年11月修订）》（深证上〔2018〕556号）

### 市场介绍

中小企业板块的总体设计可以概括为“两个不变”和“四个独立”，即在现行法律法规不变、发行上市标准不变的前提下，在深圳证券交易所主板市场中设立的一个运行独立、监察独立、代码独立、指数独立的板块。股票代码以002开头。

### 发行制度

中小企业板块主要安排主板市场拟发行上市企业中流通股本规模相对较小的公司在该板块上市，并根据市场需求，确定适当的发行规模和发行方式。

### 上市条件

企业首次公开发行股票并在深交所中小企业板、创业板上市的主要条件如下。

1. 主体资格。合法存续的股份有限公司；自股份公司成立后，持续经营时间在3年以上，但经国务院批准的除外；最近3年内主营业务和董事、高级管理人员没有发生重大变化，实际控制人没有发生变更。

2. 独立性。具有完整的业务体系和直接面向市场独立经营的能力；五独立：资产完整、人员独立、财务独立、机构独立、业务独立；发行人的业务独立于控制股东、实际控制人及其控制的其他企业，与控股股东、实际控制人及其控制的其他企业间不得有同业竞争或者显失公平的关联交易。

3. 规范运作。依法建立健全股东大会、董事会、监事会、独立董事、董事会秘书制度；内部控制制度健全且被有效执行；发行人最近36个月内无重大违法违规行为，或严重损害投资者合法权益和社会公共利益的其他情形；公司章程明确对外担保的审批权限和审议程序，不存在为控股股东、实际控制人及其控制的其他企业进行违规担保的情形；有严格的资金管理制度，不得有资金被控股股东、实际控制人及其控制的其他企业以借款、代偿债务、代垫款项或者其他方式占用的情形。

4. 财务与会计。最近 3 个会计年度净利润均为正数且净利润累计＞3000 万元，净利润以扣除非经常性损益前后较低者为计算依据。

最近 3 个会计年度经营活动产生的现金流量净额累计＞5000 万元；或最近 3 个会计年度营业收入累计＞3 亿元；发行前股本≥3000 万股；最近一期末无形资产占净资产的比例≤20%；最近一期末不存在未弥补亏损；内部控制在所有重大方面有效，会计基础工作规范，财务会计报告无虚假记载；不存在影响发行人持续盈利能力的情形。

5. 募资资金运用。募集资金应当有明确使用方向，原则上应当用于主营业务；募集资金数额或投资项目应与发行人现有生产经营规模、财务状况、技术水平和管理能力等相适应；募集资金投资项目应当符合国家产业政策、投资管理、环境保护、土地管理，以及其他法律、法规和规章的规定；募集资金投资项目实施后，不会产生同业竞争或者对发行人独立性产生不利影响；发行人应当建立募集资金专项存储制度，募集资金应当存放于董事会决定的专项账户。

6. 股本及公开发行比例。发行后总股本＜4 亿股，公开发行比例须≥25%；发行后总股本＞4 亿股，公开发行比例须≥10%。注：如公司存在 H 股流通股，则公开发行比例以 H 股、A 股流通股合计值为计算依据。

7. 股东承诺。控股股东和实际控制人应当承诺：自发行人股票上市之日起 36 个月内，不转让或者委托他人管理其直接或者间接持有的发行人公开发行前已发行的股份，也不由发行人回购其直接或者间接持有的发行人公开发行前已发行的股份。

## 改制上市流程

改制和设立股份公司。企业拟定改制重组方案，聘请证券中介机构对方案进行可行性论证；对拟改制的资产进行审计、评估，签署发起人协议，起草公司章程等文件；设置公司内部组织机构，设立股份有限公司。（时间视情况而定）

↓

尽职调查与辅导。向当地证监局申报辅导备案；保荐机构和其他中介对公司进行尽职调查、问题诊断、专业培训和业务指导；完善组织机构和内部管理，规范企业行为，明确业务发展目标和募集资金投向；对照发行上市条件对存在的问题进行整改，准备首次公开发行申请文件；当地证监局对辅导情况进行验收。（时间视情况而定）

↓

申请文件的申报。企业和证券中介按照证监会的要求制作申请文件；保荐机构进行内核并向证监会尽职推荐；符合申报条件的，证监会在5个工作日内受理申请文件。（时间为2～3月）

↓

申请文件的审核。证监会对申请文件进行初审，如申报中小板还需征求发行人所在地省级人民政府和国家发展改革委意见，如申报创业板无须征求意见；证监会向保荐机构反馈意见，保荐机构组织发行人和中介机构对相关问题进行整改，对审核意见进行回复；证监会根据反馈回复继续审核，预披露申请文件，召开初审会，形成初审报告；证监会发审委召开会议对申请文件和初审报告进行审核，对是否同意发行人上市投票表决；依据发审委审核意见，证监会对发行人申请做出决定。（时间为3～9月）

↓

路演、询价与定价。发行人在指定报刊、网站全文披露招股说明书及发行公告等信息；主承销商与发行人组织路演，向投资者推介和询价，并确定发行价格。（时间为3～4周）

↓

发行与上市。根据证监会规定的发行方式公开发行股票；向证券交易所提交上市申请；在登记结算公司办理股份的托管与登记；在深交所挂牌上市。

## 十二、创业板市场

### 政策依据

《创业板首次公开发行股票注册管理办法（试行）》（2020年修订）
《创业板上市公司证券发行注册管理办法（试行）》（2020年修订）

### 政策介绍

创业板设立于2009年，又称二板市场（Second-board Market），即第二股票交易市场，是与主板市场（Main-board Market）不同的一类证券市场，专为暂时无法在主板上市的创业型企业、中小企业和高科技产业企业等需要进行融资和发展的企业提供融资途径和成长空间的证券交易市场。在中国特指深圳创业板。创业板是对主板市场的重要补充，在资本市场占有重要的位置。中国创业板上市公司股票代码以300开头。

### 适用范围

在中华人民共和国境内首次公开发行股票并在深圳证券交易所创业板上市；上市公司申请在境内发行证券，证券指下列证券品种：股票、可转换公司债券、存托凭证、中国证券监督管理委员会认可的其他品种。

### 上市条件

1. 首次公开发行股票条件。首次公开发行股票并在创业板上市，应当符合发行条件、上市条件及相关信息披露要求，依法经交易所发行上市审核，并报中国证监会注册。

（1）发行人是依法设立且持续经营3年以上的股份有限公司，具备健全且运行良好的组织机构，相关机构和人员能够依法履行职责。

（2）发行人会计基础工作规范，财务报表的编制和披露符合企业会计准则和相关信息披露规则的规定，在所有重大方面公允地反映了发行人的财务状况、经营成果和现金流量，最近3年财务会计报告由注册会计师出具标准无保留意见的审计报告。

（3）发行人业务完整，具有直接面向市场独立持续经营的能力。

（4）发行人生产经营符合法律、行政法规的规定，符合国家产业政策。最近3年内，发行人及其控股股东、实际控制人不存在贪污、贿赂、侵占财产、挪用财产或者破坏社会主义市场经济秩序的刑事犯罪，不存在欺诈发行、重大信息披露违法或者其他涉及国家安全、公共安全、生态安全、生产安全、公众健康安全等领域的重大违法行为。董事、监事和高级管理人员不存在最近3年内受到中国证监会行政处罚，或者因涉嫌犯罪被司法机关立案侦查或者涉嫌违法违规被中国证监会立案调查，尚未有明确结论意见等情形。

2. 上市公司发行证券。上市公司发行证券，可以向不特定对象发行，也可以向特定对象发行。向不特定对象发行证券包括上市公司向原股东配售股份（以下简称配股）、向不特定对象募集股份（以下简称增发）和向不特定对象发行可转债。向特定对象发行证券包括上市公司向特定对象发行股票、向特定对象发行可转债。

发行股票、发行可转债须符合《创业板上市公司证券发行注册管理办法（试行）》第二章关于发行条件的相关要求。

## 发行程序

股东大会批准。上市公司申请发行证券，董事会应当依法就下列事项做出决议，并提请股东大会批准；董事会依照前二款做出决议，董事会决议日与首次公开发行股票上市日的时间间隔不得少于6个月。

↓

注册申请。上市公司申请发行证券，应当按照中国证监会有关规定制作注册申请文件，由保荐人保荐并向交易所申报。交易所收到注册申请文件后，5个工作日内做出是否受理的决定。

↓

审核提交。交易所审核部门负责审核上市公司证券发行上市申请；创业板上市委员会负责对上市公司向不特定对象发行证券的申请文件和审核部门出具的审核报告提出审议意见。

↓

出具审核意见。交易所按照规定的条件和程序，做出上市公司是否符合发行条件和信息披露要求的审核意见。认为上市公司符合发行条件和信息披露要求的，将审核意见、上市公司注册申请文件及相关审核资料报送中国证监会履行发行注册程序；认为上市公司不符合发行条件和信息披露要求的，做出终止发行上市审核决定。

↓

注册。中国证监会收到交易所报送的审核意见、上市公司注册申请文件及相关审核资料后，履行发行注册程序。中国证监会在15个工作日内对上市公司的注册申请做出注册或者不予注册的决定。

↓

发行证券。中国证监会注册的决定自做出之日起一年内有效，上市公司应当在注册决定有效期内发行证券，发行时点由上市公司自主选择。

## 十三、科创板市场

### 政策依据

《关于在上海证券交易所设立科创板并试点注册制的实施意见》（中国证券监督管理委员会公告〔2019〕2号）

《关于修改〈科创板首次公开发行股票注册管理办法（试行）〉的决定》（2020年修订）

### 市场介绍

科创板（Sci-tech innovation board，STAR Market）由国家主席习近平于2018年11月5日在首届中国国际进口博览会开幕式上宣布设立，是独立于现有主板市场的新设板块，并在该板块内进行注册制试点。科创板定位：坚持面向世界科技前沿、面向经济主战场、面向国家重大需求，主要服务于符合国家战略、突破关键核心技术、市场认可度高的科技创新企业。重点支持新一代信息技术、高端装备、新材料、新能源、节能环保及生物医药等高新技术产业和战略性新兴产业，推动互联网、大数据、云计算、人工智能和制造业深度融合，引领中高端消费，推动质量变革、效率变革、动力变革。具体行业范围由上交所发布并适时更新。

### 适用范围

在中华人民共和国境内首次公开发行股票并在上海证券交易所科创板上市的科技创新企业。

### 发行条件

1. 发行人是依法设立且持续经营3年以上的股份有限公司，具备健全且运行良好的组织机构，相关机构和人员能够依法履行职责。

2. 发行人会计基础工作规范，财务报表的编制和披露符合企业会计准则和相关信息披露规则的规定，在所有重大方面公允地反映了发行人的财务状况、经营成果和现金流量，并由注册会计师出具标准无保留意见的审计报告。

3. 发行人业务完整，具有直接面向市场独立持续经营的能力。

4. 发行人生产经营符合法律、行政法规的规定，符合国家产业政策。最近3年内，发行人及其控股股东、实际控制人不存在贪污、贿赂、侵占财产、挪用财产或者破坏社会主义市场经济秩序的刑事犯罪，不存在欺诈发行、重大信息披露违法或者其他涉及国家安全、公共安全、生态安全、生产安全、公众健康安全等领域的重大违法行为。董事、监事和高级管理人员不存在最近3年内受到中国证监会行政处罚，或者因涉嫌犯罪被司法机关立案侦查或者涉嫌违法违规被中国证监会立案调查，尚未有明确结论意见等情形。

**注册程序**

股东大会批准。发行人董事会应当依法就本次股票发行的具体方案、本次募集资金使用的可行性及其他必须明确的事项做出决议，并提请股东大会批准。

↓

注册申请。发行人申请首次公开发行股票并在科创板上市，应当按照中国证监会有关规定制作注册申请文件，由保荐人保荐并向交易所申报。交易所收到注册申请文件后，5个工作日内做出是否受理的决定。

↓

上市审议。交易所设立独立的审核部门，负责审核发行人公开发行并上市申请；设立科技创新咨询委员会，负责为科创板建设和发行上市审核提供专业咨询和政策建议；设立科创板股票上市委员会，负责对审核部门出具的审核报告和发行人的申请文件提出审议意见。

↓

审核决定。交易所按照规定的条件和程序，做出同意或者不同意发行人股票公开发行并上市的审核意见。同意发行人股票公开发行并上市的，将审核意见、发行人注册申请文件及相关审核资料报送中国证监会履行发行注册程序；不同意发行人股票公开发行并上市的，做出终止发行上市审核决定。

↓

注册。中国证监会收到交易所报送的审核意见、发行人注册申请文件及相关审核资料后，履行发行注册程序，在20个工作日内对发行人的注册申请做出同意注册或者不予注册的决定。

↓

发行股票。中国证监会同意注册的决定自做出之日起1年内有效，发行人应当在注册决定有效期内发行股票，发行时点由发行人自主选择。

## 十四、创业投资企业所得税优惠

### 政策依据

《国家税务总局关于实施创业投资企业所得税优惠问题的通知》（国税发〔2009〕87号）第一条、第二条、第三条

《财政部　国家税务总局关于将国家自主创新示范区有关税收试点政策推广到全国范围实施的通知》（财税〔2015〕116号）第一条

《国家税务总局关于有限合伙制创业投资企业法人合伙人企业所得税有关问题的公告》（国家税务总局公告2015年第81号）

《财政部　税务总局关于创业投资企业和天使投资个人有关税收政策的通知》（财税〔2018〕55号）第一条、第二条

《国家税务总局关于创业投资企业和天使投资个人税收政策有关问题的公告》（国家税务总局公告2018年第43号）

《财政部　税务总局关于实施小微企业普惠性税收减免政策的通知》（财税〔2019〕13号）第五条

### 适用范围

符合条件的创业投资企业、法人合伙人、个人合伙人。

## 优惠内容

1. 创投企业投资未上市的中小高新技术企业按比例抵扣应纳税所得额。自2018年1月1日起，创业投资企业采取股权投资方式投资于未上市的中小高新技术企业2年（24个月）以上的，可以按照其对中小高新技术企业投资额的70%在股权持有满2年的当年抵扣该创业投资企业的应纳税所得额；当年不足抵扣的，可以在以后纳税年度结转抵扣。

2. 有限合伙制创业投资企业法人合伙人投资未上市的中小高新技术企业按比例抵扣应纳税所得额。自2015年10月1日起，有限合伙制创业投资企业采取股权投资方式投资于未上市的中小高新技术企业满2年（24个月）的，该投资企业的法人合伙人可按照其对未上市中小高新技术企业投资额的70%抵扣该法人合伙人从该投资企业分得的应纳税所得额；当年不足抵扣的，可以在以后纳税年度结转抵扣。

3. 公司制创投企业投资初创科技型企业按比例抵扣应纳税所得额。自2018年1月1日起，公司制创业投资企业采取股权投资方式直接投资于种子期、初创期科技型企业满2年（24个月）的，可以按照投资额的70%在股权持有满2年的当年抵扣该公司制创业投资企业的应纳税所得额；当年不足抵扣的，可以在以后纳税年度结转抵扣。

4. 有限合伙制创业投资企业法人合伙人或个人合伙人投资初创科技型企业按比例抵扣应纳税所得额。自2018年1月1日起，有限合伙制创业投资企业采取股权投资方式直接投资于初创科技型企业满2年（24个月）的，法人合伙人或个人合伙人可以按照对初创科技型企业投资额的70%抵扣法人合伙人或个人合伙人从合伙创投企业分得的经营所得；当年不足抵扣的，可以在以后纳税年度结转抵扣。

## 符合条件

1. 创投企业投资未上市的中小高新技术企业按比例抵扣应纳税所得额

（1）创业投资企业采取股权投资方式投资于未上市的中小高新技术企业2年（24个月）以上。

（2）创业投资企业是指依照《创业投资企业管理暂行办法》和《外商投资创业投资企业管理规定》在中华人民共和国境内设立的专门从事创业投资活动的企业或其他经济组织。

（3）经营范围符合《暂行办法》规定，且工商登记为“创业投资有限责任公司”“创业投资股份有限公司”等专业性法人创业投资企业。

（4）按照《暂行办法》规定的条件和程序完成备案，经备案管理部门年度检查核实，投资运作符合《暂行办法》的有关规定。

（5）创业投资企业投资的中小高新技术企业，按照科技部、财政部、国家税务总局《关于印发〈高新技术企业认定管理办法〉的通知》和《高新技术企业认定管理工作指引》的规定，通过高新技术企业认定；同时，职工人数不超过 500 人，年销售（营业）额不超过 2 亿元，资产总额不超过 2 亿元。

2. 有限合伙制创业投资企业法人合伙人投资未上市的中小高新技术企业按比例抵扣应纳税所得额

（1）有限合伙制创业投资企业是指依照《中华人民共和国合伙企业法》《创业投资企业管理暂行办法》《外商投资创业投资企业管理规定》设立的专门从事创业投资活动的有限合伙企业。

（2）有限合伙制创业投资企业的法人合伙人，是指依照《中华人民共和国企业所得税法》及其实施条例及相关规定，实行查账征收企业所得税的居民企业。

（3）有限合伙制创业投资企业采取股权投资方式投资于未上市的中小高新技术企业满 2 年（24 个月），即 2015 年 10 月 1 日起，有限合伙制创业投资企业投资于未上市中小高新技术企业的实缴投资满 2 年，同时，法人合伙人对该有限合伙制创业投资企业的实缴出资也应满 2 年。

（4）有限合伙制创业投资企业投资的中小高新技术企业，按照《高新技术企业认定管理办法》和《高新技术企业认定管理工作指引》的规定，通过高新技术企业认定；同时，职工人数不超过 500 人，年销售（营业）额不超过 2 亿元，资产总额不超过 2 亿元。

（5）有限合伙制创业投资企业应纳税所得额的确定及分配应按照《财政部国家税务总局关于合伙企业合伙人所得税问题的通知》相关规定执行。

3. 公司制创投企业投资初创科技型企业按比例抵扣应纳税所得额、有限合伙制创业投资企业法人合伙人或个人合伙人投资初创科技型企业按比例抵扣应纳税所得额

（1）创业投资企业，应同时符合以下条件：①在中国境内（不含港、澳、台地区）注册成立、实行查账征收的居民企业或合伙创投企业，且不属于被投资初创科技型企业的发起人；②符合《创业投资企业管理暂行办法》规定或者《私募投资基金监督管理暂行办法》关于创业投资基金的特别规定，按照上述规定完成备案且规范运作；③投资后 2 年内，创业投资企业及其关联方持有被投资初创科技型企业的股权比例合计应低于 50%。

（2）初创科技型企业，应同时符合以下条件：①在中国境内（不包括港、澳、台地区）注册成立、实行查账征收的居民企业；②接受投资时，从业人数不超过 300 人，其中具有大学本科以上学历的从业人数不低于 30%；资产总额和年销售收入均不超过 5000 万元；③接受投资时设立时间不超过 5 年（60 个月）；④接受投资时及接受投资后 2 年内未在境内外证券交易所上市；⑤接受投资当年及下一纳税年度，研发费用总额占成本费用支出的比例不低于 20%。

（3）股权投资，仅限于通过向被投资初创科技型企业直接支付现金方式取得的股权投资，不包括受让其他股东的存量股权。

## 十五、天使投资人投资初创科技型企业税收优惠

### 政策依据

《国家税务总局关于创业投资企业和天使投资个人税收政策有关问题的公告》（国家税务总局公告 2018 年第 43 号）

《财政部　税务总局关于创业投资企业和天使投资个人有关税收政策的通知》（财税〔2018〕55 号）第一条、第二条

《财政部　税务总局关于实施小微企业普惠性税收减免政策的通知》（财税〔2019〕13 号）第五条

**适用范围**

天使投资人。

**优惠内容**

自 2018 年 7 月 1 日起，天使投资个人采取股权投资方式直接投资于初创科技型企业满 2 年的，可以按照投资额的 70% 抵扣转让该初创科技型企业股权取得的应纳税所得额；当期不足抵扣的，可以在以后取得转让该初创科技型企业股权的应纳税所得额时结转抵扣。天使投资个人投资多个初创科技型企业的，对其中办理注销清算的初创科技型企业，天使投资个人对其投资额的 70% 尚未抵扣完的，可自注销清算之日起 36 个月内抵扣天使投资个人转让其他初创科技型企业股权取得的应纳税所得额。

**符合条件**

1. 天使投资个人，应同时符合以下条件：

（1）不属于被投资初创科技型企业的发起人、雇员或其亲属（包括配偶、父母、子女、祖父母、外祖父母、孙子女、外孙子女、兄弟姐妹，下同），且与被投资初创科技型企业不存在劳务派遣等关系；

（2）投资后 2 年内，本人及其亲属持有被投资初创科技型企业股权比例合计应低于 50%。

2. 初创科技型企业，应同时符合以下条件：

（1）在中国境内（不包括港、澳、台地区）注册成立、实行查账征收的居民企业；

（2）接受投资时，从业人数不超过 300 人，其中具有大学本科以上学历的从业人数不低于 30%；资产总额和年销售收入均不超过 5000 万元；

（3）接受投资时设立时间不超过 5 年（60 个月）；

（4）接受投资时及接受投资后 2 年内未在境内外证券交易所上市；

（5）接受投资当年及下一纳税年度，研发费用总额占成本费用支出的比例不低于 20%。

3. 股权投资，仅限于通过向被投资初创科技型企业直接支付现金方式取得的股权投资，不包括受让其他股东的存量股权。

## 十六、以非货币性资产对外投资税收优惠

### 政策依据

《财政部　国家税务总局关于非货币性资产投资企业所得税政策问题的通知》（财税〔2014〕116 号）

《财政部　国家税务总局关于个人非货币性资产投资有关个人所得税政策的通知》（财税〔2015〕41 号）

《国家税务总局关于个人非货币性资产投资有关个人所得税征管问题的公告》（国家税务总局公告 2015 年第 20 号）

《国家税务总局关于非货币性资产投资企业所得税有关征管问题的公告》（国家税务总局公告 2015 年第 33 号）

### 适用范围

以非货币性资产对外投资的居民企业、个人。

### 优惠内容

1. 以非货币性资产对外投资确认的非货币性资产转让所得分期缴纳企业所得税。可自确认非货币性资产转让收入年度起不超过连续 5 个纳税年度的期间内，非货币性资产转让所得分期均匀计入相应年度的应纳税所得额，按规定计算缴纳企业所得税。

2. 以非货币性资产对外投资确认的非货币性资产转让所得分期缴纳个人所得税。对非货币资产转让所得应按“财产转让所得”缴纳个人所得税，一次性缴税有困难的，可合理确认分期缴纳计划并报主管税务机关备案后，在不超过 5 年期限内缴纳。

**符合条件**

1. 以非货币性资产对外投资确认的非货币性资产转让所得分期缴纳企业所得税

（1）企业以非货币性资产对外投资，应于投资协议生效并办理股权登记手续时，确认非货币性资产转让收入的实现，应对非货币性资产进行评估并按评估后的公允价值扣除计税基础后的余额，计算确认非货币性资产转让所得。

（2）企业以非货币性资产对外投资而取得被投资企业的股权，应以非货币性资产的原计税成本为计税基础，加上每年确认的非货币性资产转让所得，逐年进行调整。

（3）被投资企业取得非货币性资产的计税基础，应按非货币性资产的公允价值确定。

（4）企业在对外投资 5 年内转让上述股权或投资收回的，应停止执行递延纳税政策，并就递延期内尚未确认的非货币性资产转让所得，在转让股权或投资收回当年的企业所得税年度汇算清缴时，一次性计算缴纳企业所得税。

（5）企业在对外投资 5 年内注销的，应停止执行递延纳税政策，并就递延期内尚未确认的非货币性资产转让所得，在注销当年的企业所得税年度汇算清缴时，一次性计算缴纳企业所得税。

（6）非货币性资产，是指现金、银行存款、应收账款、应收票据，以及准备持有至到期的债券投资等货币性资产以外的资产。

（7）非货币性资产投资，限于以非货币性资产出资设立新的居民企业，或将非货币性资产注入现存的居民企业。

（8）享受政策的居民企业实行查账征收。

2. 以非货币性资产对外投资确认的非货币性资产转让所得分期缴纳个人所得税

（1）非货币性资产，是指现金、银行存款等货币性资产以外的资产，包括股权、不动产、技术发明成果及其他形式的非货币性资产。

（2）非货币性资产投资，包括以非货币性资产出资设立新的企业，以及以非货币性资产出资参与企业增资扩股、定向增发股票、股权置换、重组改制等投资行为。

（3）个人以非货币性资产投资，应于非货币性资产转让、取得被投资企业股权时，确认非货币性资产转让收入的实现，应按评估后的公允价值确认非货币性资产转让收入。

（4）个人以非货币性资产投资交易过程中取得现金补价的，现金部分应优先用于缴税；现金不足以缴纳的部分，可分期缴纳。个人在分期缴税期间转让其持有的上述全部或部分股权，并取得现金收入的，该现金收入应优先用于缴纳尚未缴清的税款。

# 第六部分　人才激励

**导读**　科技人才指具有专业知识或专门技能，具备科学思维和创新能力，从事科学技术创新活动，对科学技术事业及经济社会发展做出贡献的劳动者，包括从事科学研究、工程设计、技术开发、科技创业、科技服务、科技管理、科学普及等科技活动的相关人员。科技人才是进入创新型国家行列和全面建成小康社会奋斗目标的重要支撑，也是实现建成世界科技强国目标的坚实基础。为贯彻落实《国家中长期科技人才发展规划》，中央着眼于破除人才发展的思想观念和体制机制障碍，陆续出台了一系列推动人才发展体制机制改革的政策措施，推动形成了覆盖人才管理、培养、评价、流动、激励、引进、发展保障等方面的人才政策体系，全面指导人才工作。特别是党的十八大以来，中央不断深入推进以知识价值为导向的收入分配制度，明确分配导向，进一步完善了成果转化和创新创业中的科技人才激励制度。

## 一、国家海外高层次人才引进计划

### 政策依据

《中央组织部关于印发〈国家海外高层次人才引进计划管理办法〉〈国家高层次人才特殊支持计划管理办法〉的通知》（组通字〔2017〕9号）

### 适用范围

国家海外高层次人才引进计划是国家层面实施的重大人才工程，旨在围绕国家发展战略目标，重点引进一批自然科学、工程技术、哲学社会科学等领域高层次创新创业人才。由以下项目构成：创新人才长期项目、创新人才短期项目、创业人才项目、青年项目、外国专家项目、顶尖人才与创新团队项目、新疆西藏项目、文化艺术人才项目。根据国家经济社会发展和人才队伍建设需要，经中央人才工作协调小组批准，可调整计划项目设置。

**政策内容**

中央财政给予入选专家一定经费补助。入选专家正式履行工作合同后一次性发放，免征个人所得税，由专家自主使用，用人单位不得截留挪用。中央财政给予青年项目、外国专家项目、新疆西藏项目入选专家一定额度的科研经费补助。经费额度一次性核定，分 3 年拨付，用于支持专家自主选题研究，不得用于有工资性收入的人员工资、奖金、津补贴和福利支出。用人单位不得提取管理费用。经费使用进度不按年度考核，原则上 3 年内统筹使用，确有需要且有工作合同的，可延长 2 年。

**申请条件**

1. 创新人才长期项目。申报人一般应当取得博士学位，在国外著名高校、科研机构担任相当于教授职务或者在国际知名企业、金融机构担任高级职务的专业技术人才和经营管理人才，年龄不超过 55 岁。引进时未全职在国内（来华，下同）工作，或者在国内工作不超过 1 年。引进后须全职在国内工作 3 年以上。对业绩特别突出或者国家急需紧缺人才，可适当放宽年龄、学历、专业职务要求。

2. 创新人才短期项目（含非华裔外国专家）。引进时未全职在国内工作，且符合创新人才长期项目其他资格条件。引进后须在国内连续工作 3 年以上，每年不少于 2 个月。

3. 创业人才项目。申报人一般应当在海外取得学位，年龄不超过 55 岁，并符合下列条件：①拥有国际领先技术成果，或者能够填补国内空白，产业化开发潜力大；②有海外创业经验或者曾任国际知名企业中高层管理职位，有较强的经营管理能力；③在国内时间不超过 6 年，其创办企业成立 2 年以上、5 年以下，产品具有核心技术且处于中试或者产业化阶段；④是企业主要创办人且为第一大股东或者最大自然人股东。一家企业只能申报一名。特别优秀的可适当放宽年龄要求。

4. 青年项目。高等学校、科研机构、中央企业的申报人，应当属于自然科学或者工程技术领域，年龄不超过 40 岁，具有博士学位，并符合下列条件：①在海外知名高校、科研机构或者知名企业研发机构有正式教学或者科研职位，取得博士学位后在海外连续工作 36 个月以上；②取得同行专家认可的科研成果，且具有成为该领域学术或者技术带头人的发展潜力；③申报时未全职在国内工作，或者在国内工作不超过 1 年；④引进后须全职在国内工作 3 年以上。

大中型金融机构或者国家金融管理部门的申报人，一般应当在知名高校取得博士学位，年龄不超过 40 岁，并符合下列条件：①在海外商业性金融机构或者金融监管机构连续全职工作 36 个月以上；②业绩突出，在业内具有一定知名度，且具有成为所在领域领军人才的发展潜力；③申报时应当未全职在国内工作，或者在国内工作不超过 1 年；④引进后须全职在国内工作 3 年以上。在海外取得博士学位、业绩特别突出或者国家急需紧缺的人才，可适当放宽工作年限要求。

5. 顶尖人才与创新团队项目。申报人应当为自然科学或者工程技术领域的国际顶尖专家，引进后须全职在国内工作 5 年以上，并具备下列条件之一：①诺贝尔奖、图灵奖、菲尔茨奖等国际大奖的获得者；②美国、英国、加拿大、澳大利亚等发达国家科学院院士或者工程院院士；③在世界一流大学、科研机构任职的国际著名学者；④国家急需紧缺的其他顶尖人才。

6. 新疆西藏项目。引进主体为在新疆、西藏的高等学校、科研机构、企业和高新技术产业开发区为主的各类园区等用人单位。创新人才须具备下列条件：①属于自然科学或者工程技术领域，年龄不超过 40 岁；②在海外取得硕士以上学位，或者在国内取得硕士以上学位并在国外连续工作 36 个月以上；③取得同行专家认可的科研成果，且具有成为该领域学术或者技术带头人的发展潜力；④引进后全职在新疆、西藏工作至少 3 年。创业人才可适当放宽条件。

7. 文化艺术人才项目。引进主体为国有文化单位、高等学校和有影响力的非公有制文化单位。从事研究工作的申报人，一般应当取得博士学位，年龄不超过 55 岁；从事舞台艺术、经营管理、创意设计等专业的申报人，可适当放宽学历和年龄要求。申报时一般应当未全职在国内工作，或者在国内时间不超过 1 年。申报长期项目的，引进后须全职在国内工作 3 年以上，申报短期项目的，须在国内连续工作 3 年以上，每年不少于 2 个月。

8. 除创业人才项目外，其他项目申报人须与用人单位签订工作合同或者意向性协议。申报人不得通过多个平台渠道同时申报。除研究成果、技术水平出现重大进展或者突破外，申报次数累计不超过 2 次。创业人才、青年项目不限制申报次数。未履行和妥善处理原协议的国家公派留学人员、高级访问学者、“博士后国际交流计划”派出人员，由国家财政支持出国的其他人员，存在违纪违法、学术不端等行为的人员，不允许申报。

**遴选程序**

年度部署。年度遴选工作由专项办统筹安排、统一部署。一般每年安排一次。

↓

项目申报。各地区各部门按照下列渠道组织申报工作。创新人才长期（短期）项目：国家科技计划拟引进人才报科技部；中央部门所属单位报业务或者人事主管部门，经审核后分别报平台部门；地方所属单位拟引进人才，由所在省（自治区、直辖市）党委组织部统筹报有关平台部门。

↓

审查评审。由平台部门负责，对申报人资格条件和申报材料等进行审核。同行专家评审由平台部门负责，可针对申报人类别采取会议、通讯评审、面试、远程视频答辩等方式。

↓

咨询审核。组建评审工作巡察小组，对评审工作全过程严格监督。召开专家咨询顾问会议通报评审工作情况，接受专家质询，对平台部门推荐人选进行审核，研究提出审核意见并向平台部门反馈。

↓

公示批准。创业人才项目、青年项目拟入选名单须通过媒体向社会公示，公示期为 7 个工作日。相关平台部门负责对公示反映的问题进行调查核实，提出处理意见。入选资格名单经专项办报引才小组审批后印发。

## 二、国家高层次人才特殊支持计划

### 政策依据

《中央组织部关于印发〈国家海外高层次人才引进计划管理办法〉〈国家高层次人才特殊支持计划管理办法〉的通知》（组通字〔2017〕9号）

### 适用范围

国家高层次人才特殊支持计划是国家层面实施的重大人才工程，旨在重点遴选一批自然科学、工程技术和哲学社会科学领域的杰出人才、领军人才和青年拔尖人才，给予特殊支持。该计划由3个层次构成。第一层次为杰出人才；第二层次为领军人才，包括科技创新领军人才、科技创业领军人才、哲学社会科学领军人才、教学名师；第三层次为青年拔尖人才。根据国家经济社会发展和人才队伍建设需要，经中央人才工作协调小组批准，可调整计划项目设置。

### 政策内容

1. 中央组织部、人力资源社会保障部为入选者颁发证书。

2. 为杰出人才设立科学家工作室，通过“一事一议、按需支持”方式给予特殊支持。中央组织部、科技部、财政部等部门共同负责，委托自然科学基金会做好人选推荐评审、建设方案论证、周期考核评估等工作。科学家工作室依托杰出人才所在单位建设。依托单位负责工作室日常管理，提供运行保障和配套支持。

3. 给予科技创新领军人才、哲学社会科学领军人才、教学名师每人一定额度的特殊支持经费，用于自主选题研究、人才培养和团队建设等，由平台部门负责落实，财政部专管，商各主管部门统一拨付。青年拔尖人才支持经费由财政部设立专项予以支持，中央组织部负责具体拨付。用人单位不得截留挪用，不得提取管理费用。经费使用进度不按年度考核，原则上3年内统筹使用，确有需要可延长2年。入选专家转换工作单位，中央财政给予的支持经费一并流转。

4. 专项办会同有关部门研究制定相应政策，在科研项目、事业平台、人事制度、经费使用、激励保障等方面对入选专家给予特殊支持。鼓励地方和用人单位提供相关配套支持政策。

**申请条件**

1. 杰出人才。申报人研究方向应当处于世界科技前沿，科研上取得重大成果，具有成长为世界级科学家的潜力。

2. 科技创新领军人才。申报人应当为主持重大科研任务、领衔高层次创新团队、领导国家级创新基地和重点学科建设的科技人才和科研管理人才，研究方向属于《国家中长期科学和技术发展规划纲要》确立的重点领域，研究工作具有重大创新性和发展前景。

3. 科技创业领军人才。申报人应当为企业主要创办者和实际控制人（为企业第一大股东或者法人代表）。运用自主知识产权创建科技企业的科技人才，或者具有突出经营管理才能的高级管理人才。创业项目符合我国战略性新兴产业发展方向并处于领先地位。企业创办时间一般不超过 5 年，特殊情况可适当放宽。

4. 哲学社会科学领军人才。申报人必须拥护党的领导和中国特色社会主义制度，坚持正确政治方向，是主持重大课题任务、领导重点学科建设的专业人才和科研管理人才，研究成果有重要创新和重大影响。

5. 教学名师。申报人应当忠诚于党和人民的教育事业，全面贯彻党的教育方针，长期从事一线教学工作，对教育思想和教学方法有重要创新，教学成果和教育质量突出，在学生培养方面有突出贡献，教书育人，立德、树人，为人师表，师德高尚。

6. 青年拔尖人才。申报人在自然科学、工程技术、哲学社会科学和文化艺术重点领域崭露头角，获得较高学术成就，具有创新发展潜力，有一定社会影响。自然科学、工程技术领域，年龄不超过 35 岁（女性不超过 37 岁）；哲学社会科学、文化艺术领域，年龄不超过 38 岁（女性不超过 40 岁）。一般应当取得博士学位。

**申报流程**

遴选通知。专项办部署年度遴选总体安排，设立平台的部门对所负责项目遴选工作做出具体部署。中央组织部会同平台部门印发遴选通知，统一部署，分头实施。

↓

审查评审。平台部门做好申报推荐和形式审查工作。推荐工作应当充分体现广泛性、代表性。平台部门应当将形式审查情况及时反馈推荐单位。平台部门应当组织小同行专家进行评审。评审专家应当覆盖申报人专业领域。评审工作可针对申报人类别采取会议、通讯评审、面谈、远程视频答辩等方式。

↓

咨询审核。组建评审工作巡察小组，对评审工作全过程严格监督。召开专家咨询顾问会议，通报评审工作情况，接受专家质询，对建议人选进行审核，研究提出审核意见并向平台部门反馈。

↓

公示批准。拟入选名单须通过媒体向社会公示，公示期为 7 个工作日。相关平台部门负责对公示反映的问题进行调查核实，提出处理意见。确定入选名单。

## 三、高端外国专家引进计划

**政策依据**

《科技部办公厅关于申报 2019 年度高端外国专家引进计划的通知》（国科办专〔2019〕6 号）

**适用范围**

支持外国科学家参与国家科技计划，充分发挥高端外国专家在培育发展战略性新兴产业、促进经济提质增效升级、塑造引领型发展、推动国际创新合作、助力高校“双一流”建设等方面的重要作用，为国家创新发展提供强大智力支撑。原“首席科学家项目”“高端外国专家项目”“国家重大科技专项人才引进计划”“‘一带一路’教科文卫引智项目”“‘高等学校学科创新引智计划’培育项目”“外国青年人才引进项目”“国际学术大师校园行项目”“海外名师项目”“教科文卫重点引智项目”等均整合为“高端外国专家引进计划”组织实施。

2019 年度重点从 4 个领域进行申报：战略科技发展类、产业技术创新类、社会与生态建设类、农业与乡村振兴类。

1. 战略科技发展类。重点支持围绕国家重大科技创新需求，从事前沿基础研究、科技产业创新和工程技术创新的外国专家。大力引进研究方向处于世界科技前沿领域，从事探索性、原创性研究，能够领衔国家重大科研任务、重大工程建设，具备在关键核心技术和“卡脖子”领域上实现重大突破潜质的顶尖人才及其团队。此类项目将予以优先重点支持。

2. 产业技术创新类。围绕产业转型升级、创新发展和实施“走出去”战略，大力引进各类技术创新人才，推动关键技术、生产工艺、产品设计新突破，产生重大经济和社会效益。支持引进具有跨国经营、跨文化管理能力的企业家和战略规划外国专家。

3. 社会与生态建设类。以服务我国社会治理能力现代化和生态文明建设为主要目标，支持引进在社会发展各领域具有较高学术造诣、实践经验丰富，持续推动我国医药卫生、社会保障、金融保险、法律法规、语言文字、文化艺术、现代服务业等领域健康发展的外国专家。着力引进能够推动绿色发展、解决突出环境问题、推动生态系统保护，在“美丽中国”建设、实施区域协调与可持续发展战略中发挥重要作用的外国专家。

4. 农业与乡村振兴类。服务乡村振兴战略，以推动农业农村科技创新优先发展为主攻方向，大力引进符合国家农业农村发展规划与脱贫攻坚战略布局，能够引入国外优良品种、种植养殖技术、安全生产和检测技术、先进生产经营方式的外国农业专家，促进高产、优质、高效、生态、安全的现代农业发展。

**政策内容**

推进实施外国专家项目绩效评价，建立定性定量相结合的评价指标体系，将评价结果作为项目经费持续支持的重要依据。财政部根据国家外国专家局按年度制订的外国文教专家聘请计划下达项目经费。

有效期内的“国家引才引智示范基地”（含“国家引进国外智力成果示范推广基地”），须按要求填报年度工作总结及下年度工作计划，对申报的本年度引进计划将予以重点支持。引智基地开展专家引进、技术培训等引智成果示范推广任务的，可申请引智成果推广经费支持（引智成果推广经费须单独申报，专款专用）。

**申请条件**

1. 申报对象。依法在中国境内设立的企业、科研院所和高校等法人单位。

2. 外国专家或团队人选须符合下列基本条件之一：①国外著名高校、科研院所担任相当于副教授及以上职务、职称的专家学者；②国际知名企业、机构担任高级职务的专业技术人才和经营管理人才；③有自主知识产权或掌握核心技术的创业人才；④国家急需紧缺的其他高层次外国专家和青年人才。

3. 鼓励外国专家长期来华开展深度合作。

**申报流程**

项目申报。各单位根据科技部发布的《科技部办公厅关于申报2019年度高端外国专家引进计划的通知》的要求，按规定时间统一使用《外国专家项目管理信息系统》（网址 http://ceps.safea.gov.cn）在线申报。

↓

项目审批。科技部组织专家对申报项目以评审或评议方式进行审查，对专项资金项目及其预算提出意见。

↓

资金下达。科技部会同财政部审定专项资金的支持项目及其预算后，由科技部向科研院所下达专项资金通知，并拨付项目经费。

## 四、高层次留学人才回国资助计划

### 政策依据

《人力资源社会保障部办公厅关于开展2020年度高层次留学人才回国资助试点工作的通知》（人社厅函〔2020〕26号）

### 适用范围

本次试点聚焦创新驱动发展战略，着眼“高精尖缺”、坚持需求导向，围绕国家发展战略和先进制造、人工智能、大数据、区块链等重点领域，重点引进关键共性技术、前沿引领技术、现代工程技术、颠覆性技术创新人才，加大对基础科学研究人才的支持，加大对西部和东北地区引才的支持。

### 政策内容

根据财政部下达的经费预算和有关规定，高层次留学人才回国资助试点工作在部分地区和部门进行。人力资源社会保障部将对确定的资助人选一次性提供资助金30万元，申报单位提供比例不低于1 ∶ 1的配套资金。

### 申请条件

1. 申报人员须同时具备以下条件；

（1）具有中国国籍；

（2）在国（境）外获得博士学位；

（3）2014年1月1日后回国；

（4）在国内每年稳定工作9个月以上，并由申报单位人事部门出具证明；

（5）年龄一般在50周岁以下。

2. 对业绩特别突出的可适当放宽回国时限、年龄要求。同等条件下，各单位择优推荐曾在国外跨国公司、著名高校、科研院所、国际组织等机构担任高级管理职务或相当于副教授（副研究员）以上专业技术职务，并取得显著成绩的留学回国人员。各单位在提交申报材料时需参考申报人已获得的其他资助情况，尽量避免重复资助。

**申报流程**

项目申报。各单位（部门）、留创园收到通知后，按照行政区域（工作隶属关系）组织开展申报工作，推荐所属人才。申报人填写《高层次留学人才回国工作资助申请表》。

↓

项目审核。各单位（部门）、留创园对申报材料进行审核，对审核合格的申报项目择优推荐，以正式文件形式报送省人力资源社会保障厅。原则上每个单位（部门）可以推荐1名人才。省人力资源社会保障厅对申报情况进行综合评定，根据数量需求，择优向国家人力资源社会保障部推荐。

↓

资金下达。根据《关于开展高层次留学人才回国资助试点工作的意见》等有关规定下达资金。

## 五、创新人才推进计划

**政策依据**

《科技部　人力资源和社会保障部　财政部　教育部　中国科学院　中国工程院　国家自然科学基金委员会　中国科学技术协会关于印发创新人才推进计划实施方案的通知》（国科发政〔2011〕538号）

《科技部关于开展2020年创新人才推进计划组织推荐工作的通知》（国科发政〔2020〕467号）

**适用范围**

创新人才推进计划（以下简称推进计划）是《国家中长期人才发展规划纲要（2010—2020年）》（以下简称《人才规划纲要》）确定的12项重大人才

工程首项任务，旨在通过创新体制机制、优化政策环境、强化保障措施，培养和造就一批具有世界水平的科学家、高水平的科技领军人才和工程师、优秀创新团队和创业人才，打造一批创新人才培养示范基地，加强高层次创新型科技人才队伍建设，引领和带动各类科技人才的发展，为提高自主创新能力、建设创新型国家提供有力的人才支撑。

**政策内容**

1. 统筹国家科技计划等相关经费的安排，调整投入结构，创新支持方式，加大对推进计划入选对象的支持力度。在充分利用现有资源的基础上，设立中央财政专项经费，对科学家工作室等重点任务给予支持。加强专项经费监督管理，提高经费使用效益。

2. 科学家工作室采取“一事一议、按需支持”的方式，给予充分的经费保障，不参与竞争申请科研项目；首席科学家实行聘期制，赋予其充分的科研管理自主权，建立国际同行评议制度。对中青年科技创新领军人才、创新团队加大培养和支持力度，扩大科研经费使用自主权。落实期权、股权和企业年金等中长期激励措施，加强科技与金融结合，加大对科技创新创业人才的支持力度。鼓励创新人才培养示范基地加强体制机制改革与政策创新，大胆探索，先行先试。

3. 推进计划入选对象所在单位、园区、地方和部门要集成各方资源，加大政策和资金支持力度；及时总结推广在推进计划实施过程中创造的典型经验和成功做法，加强对优秀科技人才和创新团队的宣传报道，为加强创新人才队伍建设营造良好的社会氛围。

**申请条件**

1. 科学家工作室。科学家工作室实行首席科学家负责制。首席科学家原则上应具备以下基本条件：①研究方向处于我国具有相对优势的世界科技前沿领域；②取得了国内外同行公认的突出成就，具有发展成为世界级科技大师的潜力；③能够坚持全职潜心研究；④坚持科学精神、品德高尚。

2. 中青年科技创新领军人才。中青年科技创新领军人才原则上应具备以下基本条件：①在科技前沿和战略性新兴产业领域取得高水平创新成果，具有较大的发展潜力；②具有主持承担国家或地方重要科技项目的经验；③表现出较强的领军才能、团队组织能力；④拥有博士学位或副高级以上职称，年龄在45周岁以下。

3. 科技创新创业人才。科技创新创业人才原则上应具备以下基本条件：①科技型企业的主要创办人，具有本科以上学历和较强的创新创业精神；②企业创办不足5年；③企业拥有核心技术或拥有自主知识产权；④企业具有较好的经营业绩和成长性。

4. 重点领域创新团队。重点领域创新团队原则上应具备以下基本条件：①所从事科研工作符合国家、行业重点发展方向和长远需求；②具有承担国家重大科研课题、重点工程和重大建设项目的经历；③团队创新业绩突出，具有较好的发展前景；④团队组织结构合理、核心人员相对稳定；⑤团队具有明确的创新目标和科研规划。

5. 创新人才培养示范基地。创新人才培养示范基地原则上应具备以下基本条件：①牵头单位为高等学校、科研院所和科技园区；②牵头单位应有丰富的科技资源、较强的创新能力和良好的人才培养基础；③牵头单位建立了产学研紧密结合的人才培养机制，积极开展国际化人才交流与合作培养；④牵头单位建立了科教资源面向社会开放共享的机制；⑤在人才培养的体制机制改革和政策创新方面先行先试，能够发挥较强的示范、辐射和带动作用。

**申报流程**

项目申报。创新人才推进计划实行网上统一申报、推荐，具体申报流程请认真阅读网站说明。网址：国家科技计划项目申报中心（http://program.most.gov.cn）。

↓

审核推荐。依托单位和推荐单位认真审核推荐对象的申报材料。按照各自的权限在申报系统中逐一确认后，由推荐单位提交至科技部。纸质申报材料邮寄或送达至科技部科技人才中心。

↓

公示批准。科技部组织专家咨询论证，经公示无异议后批准支持。

## 六、现代农业人才支撑计划

### 政策依据

《现代农业人才支撑计划实施方案》
《现代农业人才支撑计划项目资金管理办法》

### 适用范围

现代农业人才支撑计划项目，是指中央财政在农业农村部部门预算中设立的，履行农业农村部职责所必需的，用于实施农业科研杰出人才培养计划，支持遴选产生的农业科研杰出人才及其创新团队建设的项目支出。到 2020 年，选拔一批农业科研杰出人才，给予科研专项经费支持；支持 1 万名有突出贡献的农业技术推广人才，开展技术交流、学习研修、观摩展示等活动；选拔 3 万名农业产业化龙头企业负责人和专业合作组织负责人、10 万名生产能手和农村经纪人等优秀生产经营人才，给予重点扶持。

### 政策内容

对入选的农业科研杰出人才及其创新团队，农业农村部分年度给予项目资金支持。每个团队资助周期 5 年，每年 20 万元。项目资金的开支范围主要包括项目实施过程中发生的邮电费、印刷费、专用材料费、维修（护）费、租赁费、差旅费、劳务费、咨询费、委托业务费及其他与项目直接相关的支出。

通过政府购买服务方式支付给承担单位的现代农业人才支撑计划项目资金，其开支范围按照政府购买服务有关规定执行。

### 实施管理

1. 农业农村部是现代农业人才支撑计划项目的实施主体，对项目资金的管理和使用承担主体责任，负责归口管理和直接承担项目的组织实施和监督检查。各项目承担单位对项目资金的管理和使用承担直接责任。

2. 农业农村部应当根据项目支出规划和年度预算，制定现代农业人才支撑计划项目年度实施方案，做好组织实施工作。项目年度实施方案主要包括年度绩效目标、重点实施内容和区域、承担单位范围、资金安排意见、监督管理措施等内容。

3. 按照项目实施方案，农业农村部与项目承担单位签订科研杰出人才培养计划合同书，明确任务内容、实施方案、经费预算、资金结算、违约责任等内容，并纳入项目档案管理。

4. 农业农村部对项目实施情况跟踪调度，按照科研杰出人才培养计划合同书的约定，按时验收合同成果。

## 七、专业技术人才知识更新工程

### 政策依据

《专业技术人才知识更新工程实施方案》

### 政策介绍

为更好实施人才强国战略，加快建设人才强国，推动专业技术人才队伍建设，促进专业技术人才能力素质提升，根据《国家中长期人才发展规划纲要（2010 2020 年）》，制定了《专业技术人才知识更新工程实施方案》。围绕我国经济结构调整、高新技术产业发展和自主创新能力的提高，在装备制造、信息、生物技术、新材料、海洋、金融财会、生态环境保护、能源资源、防灾减灾、现代交通运输、农业科技、社会工作等 12 个重点领域，开展大规模的知识更新继续教育，每年培训 100 万名高层次、急需紧缺和骨干专业技术人才；依托高等院校、科研院所、大型企业现有施教机构，建设一批国家级专业技术人员继续教育基地。

### 重点项目

1. 高级研修项目。按照高水平、小规模、重特色的要求，为高层次人才创造一流的进修和交流环境。每年举办200期左右国家级高级研修班，培养1万名左右高层次人才，建设一支素质优良、创新能力强、具有较强竞争力的专业技术人才队伍。

2. 急需紧缺人才培养培训项目。在12个重点领域和现代物流、电子商务、法律、咨询、会计、工业设计、知识产权、食品安全、旅游等9个现代服务业领域，以更新知识、掌握先进技术、提升专业技术水平为主要内容，实施短期培训项目，培养培训急需紧缺人才。全国每年培训80万名。

3. 岗位培训项目。针对有关重点领域具有中高级职称的骨干专业技术人才职业发展和工作需要，以专项培训、综合培训、集中授课、在线学习、专题研修等多种方式，分类组织开展人才理念更新、知识更新拓展、科学精神和职业道德养成、实践能力提升、团队合作、技术适应、创新创业等能力提升训练，重在完善知识结构，增强综合素质，提升岗位适应、职业发展能力。全国每年培训19万人。

4. 国家级专业技术人员继续教育基地建设项目。确定200家左右的国家级专业技术人员继续教育基地。依托高等院校、科研院所、大型企业现有施教机构，根据工程培养培训任务要求，分期分批推动基地建设。推进培训项目、专家师资、教材资源、数据库开发、施教机构和研究课题等建设。加强在线学习平台建设，促进专业技术人才培养培训国际交流。

**实施办法**

专业技术人才知识更新工程实施实行统一领导、分工负责、分类指导、分级组织的原则，采取年度项目计划管理的方式进行。

1. 高级研修项目。每年度各地各部门申报研修选题，经审核批准确定年度研修计划；各期国家级专业技术人员高级研修班由地方或部门组织举办，所需经费在整合现有高级专业技术人员培训项目的基础上，中央财政给予经费保障。

2. 急需紧缺人才培养培训项目。各相关主管部门要充分发挥职能作用，加强指导和协调，保证培养培训的质量。所需经费根据预算管理规定，按照原经费渠道予以保障，鼓励地方、部门、用人单位和个人等多渠道资金支持。

3. 岗位培训项目。每年度由各地各部门申报人选和数量，经审核批准，由各地各部门组织实施，也可统一委托专门培训基地或机构承办。培训所需经费按照原经费渠道予以保障，鼓励地方、部门、用人单位和个人等多渠道资金支持。

4. 国家级专业技术人员继续教育基地建设项目。确定200家左右的国家级专业技术人员继续教育基地。依托高等院校、科研院所、大型企业现有施教机构，根据工程培养培训任务要求，分期分批推动基地建设。中央财政对经审核批准的国家级专业技术人员继续教育基地给予适当资助，基本建设和日常经费由原渠道解决。

## 八、国家科学技术奖

### 政策依据

《国家科学技术奖励条例》及其实施细则（2019年修订）

《国家科学技术奖提名制实施办法（试行）》（2019年修订版）

《科技部　财政部关于调整国家科学技术奖奖金标准的通知》（国科发奖〔2019〕7号）

### 适用范围

国家科学技术奖主要奖励在科学技术进步活动中做出突出贡献的公民、组织，调动科学技术工作者的积极性和创造性，加速科学技术事业的发展，提高综合国力。国家最高科学技术奖的奖金数额由国务院规定。国家自然科学奖、国家技术发明奖、国家科学技术进步奖的奖金数额由国务院科学技术行政部门会同财政部门规定。国家科学技术奖的奖励经费由中央财政列支。

## 政策内容

国家最高科学技术奖报请国家主席签署并颁发证书和奖金。国家自然科学奖、国家技术发明奖、国家科学技术进步奖由国务院颁发证书和奖金。中华人民共和国国际科学技术合作奖由国务院颁发证书。

国家最高科学技术奖的奖金标准为800万元/人，全部属获奖人个人所得；国家自然科学奖、国家技术发明奖、国家科学技术进步奖的特等奖奖金标准为150万元/项，一等奖奖金标准为30万元/项，二等奖奖金标准为15万元/项。

## 申请条件

1. 国家最高科学技术奖授予下列科学技术工作者：①在当代科学技术前沿取得重大突破或者在科学技术发展中有卓越建树的；②在科学技术创新、科学技术成果转化和高技术产业化中，创造巨大经济效益或者社会效益的。

2. 国家自然科学奖授予在基础研究和应用基础研究中阐明自然现象、特征和规律，做出重大科学发现的公民。前款所称重大科学发现，应当具备下列条件：①前人尚未发现或者尚未阐明；②具有重大科学价值；③得到国内外自然科学界公认。

3. 国家技术发明奖授予运用科学技术知识做出产品、工艺、材料及其系统等重大技术发明的公民。重大技术发明，应当具备下列条件：①前人尚未发明或者尚未公开；②具有先进性和创造性；③经实施，创造显著经济效益或者社会效益。

4. 国家科学技术进步奖授予在应用推广先进科学技术成果，完成重大科学技术工程、计划、项目等方面，做出突出贡献的下列公民、组织：①在实施技术开发项目中，完成重大科学技术创新、科学技术成果转化，创造显著经济效益的；②在实施社会公益项目中，长期从事科学技术基础性工作和社会公益性科学技术事业，经过实践检验，创造显著社会效益的；③在实施国家安全项目中，为推进国防现代化建设、保障国家安全做出重大科学技术贡献的；④在实施重大工程项目中，保障工程达到国际先进水平的。重大工程类项目的国家科学技术进步奖仅授予组织。

5. 中华人民共和国国际科学技术合作奖授予对中国科学技术事业做出重要贡献的下列外国人或者外国组织：①同中国的公民或者组织合作研究、开发，取得重大科学技术成果的；②向中国的公民或者组织传授先进科学技术、培养人才，成效特别显著的；③为促进中国与外国的国际科学技术交流与合作，做出重要贡献的。

**申报流程**

提名申请。专家提名前，由责任提名专家通过本人电子邮件向国家奖励办提出申请，并同时抄送其他提名专家和项目联系人。提名推荐时，应当填写统一格式的推荐书，提供真实、可靠的评价材料。经审核符合提名要求的，由奖励办发送提名号和密码。

↓

审核评审。评审委员会做出认定科学技术成果的结论，并向国家科学技术奖励委员会提出获奖人选和奖励种类及等级的建议。国务院科学技术行政部门对国家科学技术奖励委员会做出的国家科学技术奖的获奖人选和奖励种类及等级的决议进行审核，报国务院批准。

↓

颁发证书与奖金。国家最高科学技术奖报请国家主席签署并颁发证书和奖金。国家自然科学奖、国家技术发明奖、国家科学技术进步奖由国务院颁发证书和奖金。中华人民共和国国际科学技术合作奖由国务院颁发证书。

## 九、全国创新争先奖

**政策依据**

《人力资源社会保障部　中国科协　科技部　国务院国资委关于评选第二届全国创新争先奖的通知》（人社部函〔2020〕27 号）

## 适用范围

先进个人300名，奖励在工作一线做出突出贡献的优秀科技工作者，颁发全国创新争先奖状，对其中30名做出重大贡献的科技工作者颁发全国创新争先奖章。

先进集体10个，奖励科技工作者团队，颁发全国创新争先奖牌。

## 政策内容

人力资源社会保障部、中国科协、科技部、国务院国资委联合印发表彰决定，对获奖个人和团队颁发证书、奖章（奖状、奖牌），并对获奖个人按有关规定发放奖金，其中全国创新争先奖章获得者享受省部级表彰奖励获得者待遇。

## 申请条件

1. 拥护党的路线、方针、政策，思想政治坚定，坚决维护习近平总书记党中央的核心、全党的核心地位，坚决维护党中央权威和集中统一领导，热爱祖国，作风廉洁，遵纪守法，具有良好学风，恪守科学道德。

2. 科技工作者或团队应于三年内在以下任一方面取得突出成绩：

（1）疫情防控。在应对新冠肺炎疫情中投身防控一线或在科研、物资生产方面做出突出贡献、具有典型学习宣传事迹的科技工作者优秀代表。

（2）脱贫攻坚。在脱贫攻坚工作中深入基层一线、为地方经济社会发展和科技扶贫做出重大贡献、具有典型先进事迹的科技工作者优秀代表。

（3）基础研究和前沿探索。面向世界科技前沿，取得重大原创性科学发现，提出或解决重大科学问题，开辟新方向，探索无人区，实现前沿领域领跑或突破。

（4）重大装备和工程攻关。引领完成重大工程和装备研发，突破关键核心技术，为应对经济社会发展瓶颈制约、国家安全挑战等取得新成果和做出新贡献；长期服务在生产服务一线岗位，具有高超技艺技能的学习型、创新型的人才。

（5）成果转化和创新创业。面向经济主战场，推动科学技术成果转化为产品或服务，开发、应用、推广科技成果，形成新技术、新产业、新标准和规模化应用示范等，经济社会生态效益显著。

（6）社会服务。开展科学普及活动，产生显著社会效益；围绕经济社会建设、科学技术发展、生态环境保护等开展决策咨询，政策建议对促进发展和有关问题的解决产生显著成效或得到有关部门重视和批示；促进开放合作，在推动国际民间科技交流与合作中做出突出贡献；开展科技志愿服务活动，有典型学习宣传事迹。

（7）获奖科技工作者应为中国籍。表彰的先进个人一般为在职；团队成员70% 以上应为中国籍，其中团队负责人必须为中国籍。

（8）已获得往届全国创新争先奖个人奖（奖状或奖章）的个人不纳入本届全国创新争先奖个人奖的候选人范围。

**申报流程**

推荐审核。各推荐渠道要对拟推荐对象所在单位工作规范性和相关推荐材料进行审核，通过相关民主程序产生推荐对象并公示。

↓

网上填报。请各推荐渠道根据分配的用户名和密码登录全国创新争先奖推荐和评审管理系统，填报《全国创新争先奖推荐渠道工作机构成员名单》，并根据要求组织候选人和候选团队登录后填报电子材料。涉密电子版材料要求以附件形式使用涉密存储介质和书面材料一起以符合保密管理要求的方式报送到指定接收单位。

↓

书面提交。使用全国创新争先奖推荐及评审管理系统打印书面材料。涉密推荐的书面材料（包括申报表和有关支撑材料）须以符合保密管理要求的方式打印，并送达中国科协培训和人才服务中心。

↓

评审公示。全国创新争先奖评选奖励委员会办公室审查通过后组织评审，差额产生获奖者并公示。

## 十、中国青年科技奖

### 政策依据

《中共中央组织部　人力资源社会保障部　中国科协　共青团中央关于开展第十六届中国青年科技奖候选人推荐与评选工作的通知》（科协发组字〔2019〕43 号）

### 适用范围

中国青年科技奖是中共中央组织部、人力资源社会保障部、中国科协、共青团中央共同设立并组织实施，面向全国广大青年科技工作者的奖项。本届评选中国青年科技奖获奖者不超过 100 名；由当届获奖者中产生中国青年科技奖特别奖获奖者不超过 10 名。往届获奖者不重复授奖。

### 政策内容

中共中央组织部、人力资源社会保障部、中国科协共同发布颁奖决定，举行颁奖仪式，获奖决定将分别通报各推荐单位、获奖者所在单位及获奖者本人。获奖者有关材料应存入其人事档案，作为考核、晋升的重要依据之一。

为支持部分获奖者开展科学研究、出版学术著作和参加国内外学术交流，设立“中国青年科技奖奖励基金”，向海内外团体、企业和个人募集资金。基金管理、使用等办法另行制定。

### 申请条件

1. 中华人民共和国公民。男性候选人不超过 40 周岁（1979 年 1 月 1 日及以后出生），女性候选人不超过 45 周岁（1974 年 1 月 1 日及以后出生）。坚决维护习近平同志党中央的核心、全党的核心地位，坚决维护党中央权威和集中统一领导，遵纪守法，践行“爱国、创新、求实、奉献、协同、育人”的新时代科学家精神。

2. 中国青年科技奖评选符合以下条件之一：

（1）在自然科学研究领域取得重要的、创新性的成就和做出突出贡献；

（2）在工程技术方面取得重大的、创造性的成果和做出贡献，并有显著应用成效；

（3）在科学技术普及、科技成果推广转化、科技管理工作中取得突出成绩，产生显著的社会效益或经济效益。

3. 中国青年科技奖特别奖评选符合以下条件：在科学研究或工程技术等方面取得重大成就或做出突出贡献、具有较大发展潜力、堪为青年科学家伦理道德典范的优秀科技领军人才。

**申报流程**

申报人填表。申报人填写《中国青年科技奖推荐表》及有关证明材料文件电子版发邮件至中国卒中学会科技奖励办公室邮箱。

↓

审核与评审。评审委员申报资格审查。组织评审委员会进行评审，获推荐候选人不超过 2 人。

↓

推荐候选人。推荐候选人通过中国科协“中国青年女科学家奖推荐及评审管理系统”，根据要求在线填写推荐信息。推荐候选人将材料快递至学会。

↓

评选与颁奖。中国青年科技奖领导工作委员会办公室受理推荐、组织评审、颁奖和其他日常工作。中国青年科技奖评审委员会对进入复评的人选进行投票表决。

## 十一、中国专利奖

### 政策依据

《中国专利奖评奖办法》（知办发管字〔2018〕20号）

《国家知识产权局关于评选第二十一届中国专利奖的通知》（国知发运字〔2019〕20号）

### 适用范围

中国专利奖主要鼓励和表彰专利权人和发明人（设计人）对技术（设计）创新及经济社会发展做出的突出贡献。国家知识产权局与世界知识产权组织共同开展中国专利奖评选工作，每年举办一届，已评选了21届。

### 政策内容

中国专利金奖、中国专利银奖及中国专利优秀奖从发明专利和实用新型专利中评选产生，评出中国专利金奖20项、中国专利银奖60项。中国外观设计金奖、中国外观设计银奖及中国外观设计优秀奖从外观设计专利中评选产生，评出中国外观设计金奖5项、中国外观设计银奖15项。

国家知识产权局及世界知识产权组织联合向获得金奖项目的发明人（设计人）颁发奖牌和证书，向专利权人颁发奖牌；国家知识产权局向获得银奖、优秀奖项目的发明人（设计人）颁发证书，向专利权人颁发奖牌。国家知识产权局会同世界知识产权组织召开会议，共同表彰有关获奖的发明人（设计人）及专利权人。国家知识产权局通过电视、网络、报刊等媒体公布获奖结果；对于获奖的项目，专利权人可以在其产品上标注奖项名称及获奖时间。

### 申请条件

1. 奖项设置。中国专利奖设中国专利金奖、中国专利银奖、中国专利优秀奖，中国外观设计金奖、中国外观设计银奖、中国外观设计优秀奖。

2. 申请要求。凡是已获得国家知识产权局授权的专利，并同时具备以下条件的，可以参加中国专利奖评选：①在 2018 年 12 月 31 日前（含 12 月 31 日，以授权公告日为准）被授予发明、实用新型或外观设计专利权（含已解密国防专利，不含保密专利）；②专利权有效，在申报截止日前无法律纠纷；③全体专利权人均同意参评；④未获得过中国专利奖；⑤一项专利作为一个项目参评；⑥相同专利权人参评项目不超过 2 项。

**申报流程**

推荐申报。由地方知识产权局、国务院有关部门和单位知识产权工作管理机构、全国性行业协会、中国科学院院士和中国工程院院士等根据当年评选通知要求择优推荐。

↓

审核与评审。评审办公室负责对推荐项目进行初审。评审办公室根据初评情况，提出预获奖项目名单，报评审委员会。评审委员会对预获奖项目名单进行审定，确定获奖项目及其奖励等级。

↓

公布授奖。评审办公室在国家知识产权局政府网站公示评选结果。国家知识产权局及世界知识产权组织根据评选结果公示情况，对无异议或异议不成立的项目予以授奖。

# 第七部分　创新平台

**导读**　国家科技创新基地（平台）是围绕国家发展目标，根据科学前沿发展、国家战略需求及产业创新发展需要，开展基础研究、行业产业共性关键技术研发、科技成果转化及产业化、科技资源共享服务等科技创新活动的重要载体，是国家创新体系的重要组成部分。继2014年国家深化中央财政科技计划（专项、基金等）管理改革以来，国家科技创新基地（平台）归类合并为科学与工程研究、技术创新与成果转化、基础支撑与条件保障等三大类，主要包括国家实验室、国家重点实验室、国家工程研究中心、国家技术创新中心、国家临床医学研究中心、国家科技资源共享服务平台、国家野外科学观测研究站。

## 一、新型研发机构

### 政策依据

《科技部印发关于促进新型研发机构发展的指导意见的通知》（国科发政〔2019〕313号）

### 适用范围

新型研发机构是聚焦科技创新需求，主要从事科学研究、技术创新和研发服务，投资主体多元化、管理制度现代化、运行机制市场化、用人机制灵活的独立法人机构，可依法注册为科技类民办非企业单位（社会服务机构）、事业单位和企业。

## 政策内容

1. 符合条件的新型研发机构，可适用以下政策措施：①按照要求申报国家科技重大专项、国家重点研发计划、国家自然科学基金等各类政府科技项目、科技创新基地和人才计划。②按照规定组织或参与职称评审工作。③按照《中华人民共和国促进科技成果转化法》等规定，通过股权出售、股权奖励、股票期权、项目收益分红、岗位分红等方式，激励科技人员开展科技成果转化。④结合产业发展实际需求，构建产业技术创新战略联盟，探索长效稳定的产学研结合机制，组织开展产业技术研发创新、制定行业技术标准。⑤积极参与国际科技和人才交流合作。建设国家国际科技合作基地和国家引才引智示范基地；开发国外人才资源，吸纳、集聚、培养国际一流的高层次创新人才；联合境外知名大学、科研机构、跨国公司等开展研发，设立研发、科技服务等机构。

2. 地方政府可根据区域创新发展需要，综合采取以下政策措施，支持新型研发机构建设发展：①在基础条件建设、科研设备购置、人才住房配套服务及运行经费等方面给予支持，推动新型研发机构有序建设运行。②采用创新券等支持方式，推动企业向新型研发机构购买研发创新服务。③组织开展绩效评价，根据评价结果给予新型研发机构相应支持。④鼓励地方通过中央引导地方科技发展专项资金，支持新型研发机构建设运行。鼓励国家科技成果转化引导基金，支持新型研发机构转移转化利用财政资金等形成的科技成果。

3. 符合条件的科技类民办非企业单位，按照《中华人民共和国企业所得税法》《中华人民共和国企业所得税法实施条例》，以及非营利组织企业所得税、职务科技成果转化个人所得税、科技创新进口税收等规定，享受税收优惠。

4. 企业类新型研发机构享受税前加计扣除政策；企业类新型研发机构可申请高新技术企业认定，享受相应税收优惠。

## 符合条件

1. 新型研发机构一般应符合以下条件：

（1）具有独立法人资格，内控制度健全完善。

（2）主要开展基础研究、应用基础研究，产业共性关键技术研发、科技成果转移转化，以及研发服务等。

（3）拥有开展研发、试验、服务等所必需的条件和设施。

（4）具有结构相对合理稳定、研发能力较强的人才团队。

（5）具有相对稳定的收入来源，主要包括出资方投入，技术开发、技术转让、技术服务、技术咨询收入，政府购买服务收入，以及承接科研项目获得的经费等。

2. 鼓励设立科技类民办非企业单位（社会服务机构）性质的新型研发机构。

**建设管理**

1. 发展新型研发机构，坚持“谁举办、谁负责，谁设立、谁撤销”。举办单位（业务主管单位、出资人）应当为新型研发机构管理运行、研发创新提供保障，引导新型研发机构聚焦科学研究、技术创新和研发服务，避免功能定位泛化，防止向其他领域扩张。

2. 多元投资设立的新型研发机构，原则上应实行理事会、董事会决策制和院长、所长、总经理负责制，根据法律法规和出资方协议制定章程，依照章程管理运行。

3. 新型研发机构应全面加强党的建设；建立科学化的研发组织体系和内控制度，加强科研诚信和科研伦理建设；应采用市场化用人机制、薪酬制度；应建立分类评价体系；实行信息披露制度。

4. 设立科技类民办非企业单位（社会服务机构）性质的新型研发机构，应依法进行登记管理，运营所得利润主要用于机构管理运行、建设发展和研发创新等，出资方不得分红。企业类新型研发机构应按照《中华人民共和国公司登记管理条例》进行登记管理；鼓励企业类新型研发机构运营所得利润不进行分红，主要用于机构管理运行、建设发展和研发创新等。

5. 科技部组织开展新型研发机构跟踪评价，建设新型研发机构数据库，发布新型研发机构年度报告。地方科技行政管理部门负责协调推动本地区新型研发机构建设发展、开展监测评价、进行动态调整等工作。建立新型研发机构监督问责机制。

## 二、国家工程研究中心

### 政策依据

《国家工程研究中心管理办法》（中华人民共和国国家发展和改革委员会令第 34 号）

### 适用范围

工程中心，是指国家发展改革委根据建设现代化经济体系的重大战略需求，以服务国家重大战略任务和重点工程实施为目标，组织具有较强研究开发和综合实力的企业、科研单位、高等院校等建设的研究开发实体。工程中心是国家创新体系的重要组成部分。

### 政策内容

1. 国家发展改革委同意启动组建工作后，工程中心进入筹建期，可暂以“××国家工程研究中心（筹）”的名义开展工作，实施组建方案中确定的各项任务。对符合条件的可申请确认为“国家工程研究中心”，纳入国家科技创新基地序列进行管理，统一命名为：“××国家工程研究中心”。

2. 进入筹建期的工程中心，根据建设需要，可提出创新能力建设项目。国家发展改革委按照《中央预算内投资补助和贴息项目管理办法》（国家发展改革委令第 45 号）、《国家发展改革委关于规范中央预算内投资资金安排方式及项目管理的通知》（发改投资规〔2020〕518 号）及《高技术产业发展项目中央预算内投资（补助）暂行管理办法》（发改高技规〔2016〕2514 号）等国家高技术产业发展项目管理规定予以研究支持。

3. 国家发展改革委依据运行评价结果，根据《中央财政科技计划（专项、基金等）后补助管理办法》（财教〔2019〕226 号）规定，组织工程中心申请国家后补助资金支持。

4. 通过正式确认的工程中心，自确认文件印发之日起，进口科技开发用品按照国家相关进口税收政策执行。

5. 国家鼓励和支持工程中心及其分支机构在海关综合保税区建设发展，并享受相关政策支持。

**申请条件**

1. 基本要求。拟申请工程中心组建的实施主体单位应具备以下条件：①符合国家发展改革委发布的建设领域及相关要求；②具有一批有待工程化开发、拥有自主知识产权和良好市场前景、处于国内领先水平的重大科技成果，具有国内一流水平的研究开发和技术集成能力及相应的人才队伍；③具有以市场为导向，将重大科技成果向规模生产转化的工程化研究验证环境和能力；④具有通过市场机制实现技术转移和扩散，促进科技成果产业化，形成良性循环的自我发展能力；⑤具有对科技成果产业化能力，条件允许的还应具有工程设计、评估及建设的咨询与服务能力；⑥具有完善的人才激励、成果转化激励和知识产权管理等管理制度；⑦未因严重违法失信行为被司法、行政机关依法列入联合惩戒对象名单；⑧符合国家其他相关规定。

2. 其他要求。①工程中心一般应采用法人形式组建和运行。对于采取非法人形式组建的工程中心，需要与依托单位在人、财、物的管理上保持清晰边界，评价指标数据能够独立核算、有据可查。②鼓励相关领域的优势企业、科研单位、高等院校、社会投资机构组建创新联合体，共同申请组建工程中心。鼓励地方和部门层面的工程中心优先申报。

**申报流程**

通知发布。国家发展改革委根据有关重大战略部署、重大规划实施、重大工程建设、重点区域创新发展等需要，遵循“少而精”的原则，择优择需部署建设工程中心。国家发展改革委会同有关方面研究提出工程中心建设领域布局，并采取适当形式发布通知。

↓

项目申报。申报单位按照国家发展改革委通知要求，结合自身优势和具体情况，编制组建方案并向主管部门提出申请。

↓

地方推荐。主管部门采取适当形式对工程中心组建方案进行评估论证，将符合条件的组建方案推荐给国家发展改革委。

项目论证。国家发展改革委根据主管部门推荐，委托第三方机构或组织专家对工程中心组建方案进行论证，重点包括组建工程中心的必要性和紧迫性、申报单位的条件、发展目标及实现可能性等。

择优确定。国家发展改革委会同相关部门，根据论证意见，综合研究后，择优确定拟启动组建的工程中心，并通知相关主管部门。

预备建设。国家发展改革委同意启动组建工作后，工程中心进入筹建期，可暂以“××国家工程研究中心（筹）”的名义开展工作，实施组建方案中确定的各项任务。

审核确认。国家发展改革委会同财政部、海关总署、税务总局对主管部门申请确认的工程中心及总结报告、评价结果及证明材料等进行复核，对符合条件的正式确认为“国家工程研究中心”，国家发展改革委函告海关总署、税务总局并抄送财政部；对以非法人形式运行的工程中心，将其依托单位同时函告海关总署、税务总局并抄报财政部，纳入国家科技创新基地序列进行管理。

## 三、国家技术创新中心

### 政策依据

《科技部印发关于推进国家技术创新中心建设的总体方案（暂行）的通知》（国科发区〔2020〕70号）

## 适用范围

到 2025 年，布局建设若干国家技术创新中心。国家技术创新中心定位为：

1. 实现从科学到技术的转化，促进重大基础研究成果产业化。中心以关键技术研发为核心使命，产学研协同推动科技成果转移转化与产业化，为区域和产业发展提供源头技术供给，为科技型中小企业孵化、培育和发展提供创新服务，为支撑产业向中高端迈进、实现高质量发展发挥战略引领作用。

2. 国家技术创新中心既要靠近创新源头，充分依托高校、科研院所的优势学科和科研资源，加强科技成果辐射供给和源头支撑；又要靠近市场需求，紧密对接企业和产业，提供全方位、多元化的技术创新服务和系统化解决方案，切实解决企业和产业的实际技术难题。

3. 国家技术创新中心不直接从事市场化的产品生产和销售，不与高校争学术之名、不与企业争产品之利。中心将研发作为产业、将技术作为产品，致力于源头技术创新、实验室成果中试熟化、应用技术开发升值，为中小企业群体提供技术支撑与科技服务，孵化衍生科技型企业，引领带动重点产业和区域实现创新发展。

## 政策内容

1. 探索建立中央和地方财政联合投入机制，各级地方财政加强对创新中心建设的支持。中央财政资金主要通过“基地和人才专项”等支持创新中心建设。国家科技计划为创新中心开放申报渠道，国家科技成果转化引导基金在创新中心设立子基金。

2. 创新中心应落实好科技成果转化奖励、科研自主权、科技资源开放共享等政策措施，以及中央、地方支持企业、高校、科研院所、新型研发机构等各类创新主体的优惠政策，按有关政策规定享受研发费用加计扣除、高新技术企业税收优惠、进口科研仪器设备税收减免等税收优惠政策。

3. 建立科学的评价指标体系，健全有进有出的动态调整机制。委托第三方机构开展中心运行绩效评估，以创新能力、服务绩效为评价重点，以有关客观数据和材料为主要评价依据。评估结果与各级财政支持挂钩，主要采取后补助等方式予以支持。

**建设管理**

1. 建设布局。根据功能定位、建设目标、重点任务等不同，国家技术创新中心分为综合类和领域类等两个类别进行布局建设。

（1）综合类。综合类创新中心由相关地方政府（省、自治区、直辖市）牵头或多地方联动共同建设，发挥有关地区和部门比较优势，统筹布局、汇聚资源，指导推动有优势、有条件的科研力量参与建设。创新中心采取“中心（本部）+若干专业化创新研发机构”的组织架构，形成大协作、网络化的技术创新平台。

（2）领域类。主要由地方政府或有关部门联合科研优势突出的高校院所、骨干企业等，集聚整合相关科研力量和创新资源，带动上下游优势企业、高校院所等共同参与建设。支持符合相关定位和条件的国家工程技术研究中心转建国家技术创新中心。支持符合条件的地方技术创新中心、工程技术研究中心、新型研发机构等培育建设国家技术创新中心。优先在国家自主创新示范区、国家高新区、国家农业高新技术产业示范区、国家可持续发展议程创新示范区等布局建设国家技术创新中心。

2. 体制机制。创新中心应完善相关体制机制：实行科学有效的法人模式，加强产学研协同创新，强化收益分配激励，开展市场化技术创新服务，面向全球吸引凝聚创新人才，构建多元化资金投入机制。

## 四、国家临床医学研究中心

**政策依据**

《国家临床医学研究中心五年（2017—2021年）发展规划》

《国家临床医学研究中心管理办法（2017年修订）》

《国家临床医学研究中心运行绩效评估方案（试行）》

**适用范围**

国家临床医学研究中心是面向我国疾病防治需求，以临床应用为导向，以医疗机构为主体，以协同网络为支撑，开展临床研究、协同创新、学术交流、人才培养、成果转化、推广应用的技术创新与成果转化类国家科技创新基地。

**政策内容**

管理部门应集成相关优势资源支持中心建设和发展。科技部和国家卫生计生委作为牵头部门，在科研项目、平台建设、人才培养、国际合作、享受科研机构优惠政策、干细胞研究基地和项目备案等方面支持中心的建设和发展；军委后勤保障部负责加强军民融合，军队的中心服务于地方，地方的中心支撑军队需求；食品药品监管总局在药物和医疗器械的临床评价研究等方面给予政策性支持。

地方主管部门在经费、人员、平台建设等方面对中心的建设和运行给予支持；负责研究制定省级中心的建设布局规划，组建省级中心专家咨询委员会，批准省级中心的建立、调整和撤销，组织开展对省级中心的绩效评估和检查。

**申请条件**

1. 三级甲等医院，具有独立法人资格。

2. 在申报领域具有国内领先的临床诊疗技术水平。

3. 临床医学研究能力突出，领军人才和创新团队优势明显，申报前 5 年内，在申报领域主持或参与了国家科技计划（专项、基金等）项目 / 课题。

4. 具有药物临床试验机构资格或者经过医疗器械临床试验机构备案。

5. 申报单位和地方主管部门能够对拟申报的中心建设提供相应的条件保障。

**申报流程**

项目申报。管理部门依据中心布局规划，根据实际需求，公开发布开展中心建设的通知。符合条件的单位根据管理部门的通知要求，组织填写《国家临床医学研究中心申报书》，经国务院有关部门科技司或省级科技和卫生计生主管部门推荐申报。

项目评审。管理部门收到申报材料后，组织开展评审。评审包括以下程序：形式审查、材料评审、综合评审。

↓

确定依托单位。管理部门根据材料评审结果和综合评审结果，综合考虑临床研究发展需求、医学科技发展整体布局及地域分布等因素择优选择中心建设的依托单位。

↓

社会公示。对拟建中心的依托单位名单进行社会公示。

↓

发文确认。管理部门对通过社会公示的中心立项建设予以正式确认。

## 五、国家企业技术中心

### 政策依据

《国家企业技术中心认定管理办法》（国家发展改革委　科技部　财政部　海关总署　税务总局 2016 年第 34 号令）

《国家企业技术中心认定评价工作指南（试行）》（发改办高技〔2016〕937 号）

《关于组织开展 2020 年（第 27 批）国家企业技术中心认定工作的通知》（发改办高技〔2020〕235 号）

### 适用范围

企业技术中心，是指企业根据市场竞争需要设立的技术研发与创新机构，负责制定企业技术创新规划、开展产业技术研发、创造运用知识产权、建立技术标准体系、凝聚培养创新人才、构建协同创新网络、推进技术创新全过程实施。

国家发展改革委、科技部、财政部、海关总署、税务总局负责指导协调国家企业技术中心相关工作。国家发展改革委牵头开展国家企业技术中心的认定与运行评价。国家企业技术中心的认定，原则上每年进行一次。

### 政策内容

国家企业技术中心和国家企业技术中心分中心进口科技开发用品按照国家相关税收政策执行。经海关确认后，国家企业技术中心可按有关规定，将免税进口的科技开发用品放置在其异地非独立法人分支机构使用。

国家发展改革委结合企业技术中心创新能力建设、高技术产业化、战略性新兴产业发展等工作，对国家企业技术中心予以支持。

国家支持国家企业技术中心承担中央财政科技计划（专项、基金等）的研发任务。

### 申请条件

1. 企业在行业中具有显著的发展优势和竞争优势，具有行业领先的技术创新能力和水平。

2. 企业具有较好的技术创新机制，企业技术中心组织体系健全，创新效率和效益显著。

3. 有较高的研究开发投入，年度研究与试验发展经费支出额不低于 1500 万元；拥有技术水平高、实践经验丰富的技术带头人，专职研究与试验发展人员数不少于 150 人。

4. 具有比较完善的研究、开发、试验条件，技术开发仪器设备原值不低于 2000 万元；有较好的技术积累，重视前沿技术开发，具有开展高水平技术创新活动的能力。

5. 具有省级企业技术中心资格两年以上。

6. 企业在申请受理截止日期前三年内，不得存在下列情况：①因违反海关法及有关法律、行政法规，构成走私行为，受到刑事、行政处罚，或因严重违反海关监管规定受到行政处罚；②因违反税收征管法及有关法律、行政法规，构成偷税、骗取出口退税等严重税收违法行为；③司法、行政机关认定的其他严重违法失信行为。

**申报流程**

申报组织。各地发展改革委会同同级科技、财政、海关、税务等部门（或省级政府规定的国家企业技术中心申报、管理部门会同同级发展改革、科技、财政、海关、税务等部门）组织申请企业编写国家企业技术中心申请材料，并对其真实性进行审核。

↓

推荐报送。地方政府主管部门会同同级管理部门，根据有关办法及当年国家发展改革委发布的通知，推荐符合条件的企业技术中心，并将推荐企业的申请材料及评审情况报送国家发展改革委，同时将推荐企业名单抄报科技部、财政部、海关总署、税务总局。

↓

审核公示。国家发展改革委委托第三方机构，依据评价指标体系对地方政府主管部门推荐的企业技术中心申请材料进行初评，并根据初评结果委托第三方机构组织专家评审。国家发展改革委会同科技部、财政部、海关总署、税务总局，根据专家评审意见，以及国家产业政策、国家进口税收税式支出的总体原则及年度方案等综合评估，确认认定结果，并通过国家发展改革委官方网站予以公示。

## 六、国家国际科技合作基地

**政策依据**

《国家国际科技合作基地管理办法》（国科发外〔2011〕316号）

《国家国际科技合作基地评估办法（试行）》（国科发外〔2014〕77号）

《国家国际科技合作基地重大事项调整实施细则（试行）》（国科外〔2017〕4号）

## 适用范围

国家国际科技合作基地（以下简称国合基地）是指由科学技术部及其职能机构认定，在承担国家国际科技合作任务中取得显著成绩、具有进一步发展潜力和引导示范作用的国内科技园区、科研院所、高等学校、创新型企业和科技中介组织等机构载体，包括国际创新园、国际联合研究中心、国际技术转移中心和示范型国际科技合作基地等不同类型。

为突出国际科技合作的特点，国合基地采用“分类认定，统一管理”的认定和管理原则，即对国际创新园、国际联合研究中心、国际技术转移中心、示范型国际科技合作基地等 4 种不同类型的国合基地，按照不同的条件和程序进行认定，并由科技部对全国的各类国合基地统一进行宏观管理。

## 政策内容

科技部在能源资源开发利用、新材料与先进制造、信息网络、现代农业、生物与健康、生态环境保护、空间和海洋、公共安全等国际科技合作重点领域专门对国合基地建设进行部署，使国合基地真正成为国际科技合作项目实施的重要载体，人才培养和创新团队建设的重要平台。国家国际科技合作专项对国合基地所开展的国际科技合作项目给予重点支持，并通过进一步加大相关项目资金的投入力度和强度，推动国合基地更好更快发展，适应做大项目、攻关键技术和出高水平成果的要求。国合基地的推荐部门也应对列入国家国际科技合作专项的基地项目予以经费匹配。

## 申请条件

1. 国际创新园

（1）是领域或地区研发力量集聚的重要平台，机构发展方向与《规划纲要》确定的重点领域相一致，具有技术研发、智力引进、技术转移、技术产业化等多种功能和条件；

（2）具有完整、可行的发展规划，以及明确的国际科技合作发展目标和体现管理创新的实施方案；

（3）建立有完善的国际科技合作管理机构，具有相应的政策、制度、资金和服务保障体系；

（4）与国外政府、知名企业、研发机构等建立有长期稳定的合作关系，所开展的高水平国际科技合作对国家科技发展具有引领、辐射和示范作用；

（5）可有效推进国际产学研合作，在提高科技创新能力、培育新的经济增长点和推动产业结构升级等方面取得显著成绩。

2. 国际联合研究中心

（1）研发方向符合《规划纲要》中确立的重点领域，在前沿技术、竞争前技术和基础科学领域具有较强研发实力，是国家研发任务的重要承担机构，并多次承担国家国际科技合作专项项目和政府间科技合作项目；

（2）属于国内知名的重点科研机构、重点院校、创新型企业等单位，并具有与国外开展高水平合作研发的条件、能力、人才和经验；

（3）具有相对稳定的国际科技合作渠道，有条件吸引海外杰出人才或优秀创新团队来华开展短期或长期的合作研发工作，具有国际科技合作的良好基础；

（4）具有明确的国际科技合作发展目标和可行的合作实施方案，以及相对稳定的资金来源和专门的管理机构，同时对本领域或本地区开展国际科技合作具有引导和示范作用；

（5）有能力与世界一流科研院所、著名大学和高技术企业建立长期合作伙伴关系，能够使国外合作伙伴同时接受国际联合研究中心的资格认定。

3. 国际技术转移中心

（1）依托国家高新区建设，以推动国际产学研合作和促进高新技术产业国际化发展为目标，主要从事国际技术转移和国际科技合作中介服务的独立法人机构，依法注册 1 年以上；

（2）具有明确的机构功能定位和发展目标，以及符合市场经济规律的机制体制，并得到所在国家高新区政策、资金、条件环境等方面的支持；

（3）具有广泛并相对稳定的国际科技合作渠道和较为完备的服务支撑条件，拥有具备国际技术转移服务能力和经验，可以提供高效服务的专业化团队，有能力提供技术、人才国际寻访、引入、推荐和测评等中介服务；

（4）具有明确的目标服务群体和特色鲜明的发展模式，在技术引进、技术孵化、消化吸收、技术输出、技术产业化，以及国际人才引进等领域具有效果显著的服务业绩。

4. 示范型国际科技合作基地

（1）具有独立开展国际科技合作的条件和能力，承担过国家级或省部级国际科技合作项目，研发方向与《规划纲要》中确立的重点领域相一致；

（2）具有相对稳定的国际科技合作队伍、渠道和资金来源，设有专职开展国际科技合作的管理机构和管理人员；

（3）具有明确的国际科技合作发展目标和实施方案，并积极在现有合作基础上不断拓展国际合作渠道，深化合作内涵；

（4）已取得显著的国际科技合作成效，合作成果具有国内领先或国际先进水平，人才引进成效明显；

（5）对本地区、本领域或本行业国际科技合作的发展具有引导和示范作用。

**认定流程**

1. 国际创新园由科技部负责认定，并按照以下程序进行：

（1）将部省共建国际创新园的相关任务列入年度部省会商议题；

（2）申报机构所在地省级人民政府向科技部提出申请；

（3）科技部组织专家对申报材料进行评审，对申报机构进行考核；

（4）根据认定标准并参考专家意见和考核情况进行综合评价，由科技部发文进行认定并授牌。

2. 国际联合研究中心由科技部进行认定，并按照以下程序进行：

（1）由国务院有关部门及各省、市、自治区科技主管部门从执行国家国际科技合作专项项目和政府间科技合作项目的相关机构中向科技部进行推荐；

（2）科技部组织专家对申报材料进行评审，对申报机构进行考核；

（3）根据认定标准并参考专家意见和考核情况进行综合评价，由科技部发文认定并授牌；

（4）由认定的国际联合研究中心与国外合作伙伴机构商相关国家政府主管

部门进行资格认同，并经双边政府间科技合作机制确认后，择机在国外合作伙伴机构挂牌。

3. 国际技术转移中心由科技部国际合作司联合科技部火炬中心进行认定，并按照以下程序进行：

（1）符合认定条件的相关机构提出申请，由所在国家高新区出具支持意见，经国务院有关部门及各省、市、自治区科技主管部门审核同意，向科技部国际合作司推荐；

（2）科技部国际合作司会同科技部火炬中心组织专家对申报材料进行评审，对申报机构进行考核；

（3）根据认定标准并参考专家意见和考核情况进行综合评价，综合考虑国家高新区国际化发展需求、地域分布、发展潜力和示范效应等因素择优选择后，由科技部国际合作司和火炬中心共同发文认定并授牌。

4. 示范型国际科技合作基地由科技部国际合作司负责认定，并按照以下程序进行：

（1）申报机构结合取得的国际科技合作成效，以及自身的国际合作需求和发展目标，根据隶属或属地关系，经国务院有关部门或省、市、自治区科技主管部门向科技部国际合作司提出申请；

（2）科技部国际合作司根据部门或地方推荐意见，组织专家对申报材料进行评审，对申报机构进行考核；

（3）根据认定标准并参考专家意见和考核情况进行综合评价，综合考虑全国整体布局和各单位具体情况，由科技部国际合作司发文进行认定并授牌。

## 七、院士专家工作站

### 政策依据

《关于开展 2018 年度院士专家工作站认证建设工作的通知》（科协企函〔2018〕77 号）

## 适用范围

院士专家工作站实施认证管理，认证范围为经地方各级院士专家工作站建设管理单位审核批准的院士专家工作站。

## 政策内容

中国科协企业工作办公室统筹院士专家工作站的认证建设工作。中国科协企业创新服务中心承担认证建设工作的日常工作，主要职责是：确定开展院士专家工作站认证建设工作的授权单位，受理、集中审核院士专家工作站认证申请，适时公布认证结果、发放认证证书等。

经中国科协企业创新服务中心确定授权的地方院士专家工作站建设管理单位负责实施本地区及下一级单位的院士专家工作站认证建设工作，主要职责是：认证建设方案的制定，认证建设工作的实施，认证初审结果申报，认证工作站的日常管理、评价、考核等。

对通过认证的院士专家工作站，开展全国示范院士专家工作站评选工作；对认证组织单位，优先推荐参加院士专家工作站建设示范单位评选，并积极争取后续政策支持；对通过认证的工作站中表现突出的个人和团队，推荐参加中国科协组织的相关评选。

为通过认证的工作站提供科技创新服务。围绕企业技术创新需求、产业发展趋势，中国科协企业创新服务中心定期发布院士专家科技成果、企业难题技术需求，开展院士专家与企业对接活动，围绕国家重大产业发展，组织通过认证的工作站开展协同创新。

认证标准及认证结果将在院士专家中进行发布和宣传，推动更多的院士专家积极参与到建站合作中去，为建站工作创造良好的外部环境。

## 申请条件

1. 建站单位基本要求。建站单位主体须是我国境内注册的、具备独立法人资格的单位；建站单位具有一定的科研基础和保障，拥有科研人员不少于 10 人，以企业为建站主体的年度科研投入不低于 300 万元或不低于销售收入总额的 2%，其他类型的建站主体年度科研投入不少于 50 万元。

2. 工作站基本要求。建站单位与相关领域 1 名及以上院士或高层次专家及其团队签订建站协议或具体项目合作协议，协议合作期限一般不少于 3 年，工作站运行管理经费应每年不少于 10 万元，并配备相应的研发人员和工作人员，提供办公及研发场所等。

**申报流程**

项目申报。中国科协企业工作办公室每年上半年发布认证建设工作通知，中国科协企业创新服务中心组织地方院士专家工作站建设管理单位申报，并负责审核申报材料。

↓

审核上报。中国科协企业创新服务中心按照科协项目管理办法，审核各申报单位的申报材料，确定各地开展工作站认证建设工作的授权单位。授权单位须制定认证建设工作项目实施方案，上报中国科协企业创新服务中心审批。

↓

认证报送。授权单位按照批准后认证建设工作项目实施方案，组织本辖区内的院士专家工作站认证建设工作。各建站单位通过全国院士专家工作站认证建设平台进行认证申报，填报相关数据材料。

↓

认证审查。中国科协企业创新服务中心根据各授权单位上报的初审结果，采取抽检核实及实地调研的方式，开展认证审查，在 12 月 31 日前确定院士专家工作站认证结果并公布名单，公示后对通过认证院士专家工作站发放认证证书，有效期三年。

## 八、企业国家重点实验室

### 政策依据

《依托企业建设国家重点实验室管理暂行办法》（国科发基〔2012〕716号）

### 适用范围

根据国家需求和企业国家重点实验室建设规划，科技部从部门和地方重点实验室中有计划、有重点地择优遴选建设企业国家重点实验室，并优先支持创新型企业和产业技术创新战略联盟建设企业国家重点实验室，保持适度建设规模，发挥其引领、示范和辐射带动作用。

企业国家重点实验室是国家技术创新体系的重要组成部分，与依托高等院校和科研院所等建设的国家重点实验室互为补充，各有侧重。企业国家重点实验室的主要任务是：面向社会和行业未来发展的需求，开展应用基础研究和竞争前共性技术研究，研究制定国际标准、国家和行业标准，聚集和培养优秀人才，引领和带动行业技术进步。

### 政策内容

企业国家重点实验室依托具有较强研究开发能力和技术辐射能力的企业建设，实行人财物相对独立的管理机制和"开放、流动、联合、竞争"的运行机制。按照项目、基地、人才相结合的原则，国家相关科技计划、人才计划等，应优先委托有条件的企业国家重点实验室承担。企业国家重点实验室从事的创新研发活动，享受国家有关优惠政策。

### 申请条件

1. 符合国家产业发展政策和趋势，开展应用基础研究和竞争前共性技术研究。
2. 研究实力强，在本行业有代表性，具备承担国家重大科研任务的能力。
3. 具有结构合理的高水平科研队伍。
4. 具备良好的科研实验条件和集中的科研用房。

5. 依托单位须为在中国境内（不含港、澳、台地区）注册的具有法人资格的企业。

6. 作为部门或地方省部级重点实验室运行两年以上，具有规范有效的管理和运行制度。

7. 主管部门及依托单位能保证提供企业国家重点实验室建设经费和运行经费。

**申报流程**

项目申报。新建企业国家重点实验室由依托单位提出申请，主管部门审核推荐，并报送《企业国家重点实验室建设申请报告》。

↓

评审与审核。科技部组织专家评审，择优批准建设。企业国家重点实验室获准立项后，依托单位面向国内外公开招聘企业国家重点实验室主任，制订企业国家重点实验室建设计划，主管部门审核。

↓

批准建设。科技部组织建设计划可行性论证，通过后予以批准建设。

## 九、科学研究机构、技术开发机构、学校等单位进口免征增值税、消费税

**政策依据**

《财政部　海关总署　国家税务总局关于“十三五”期间支持科技创新进口税收政策的通知》（财关税〔2016〕70号）

《财政部　教育部　国家发展改革委　科技部　工业和信息化部　民政部　商务部　海关总署　国家税务总局　国家新闻出版广电总局关于支持科技创新进口税收政策管理办法的通知》（财关税〔2016〕71号）

《财政部　海关总署　国家税务总局关于公布进口科学研究、科技开发和

教学用品免税清单的通知》（财关税〔2016〕72 号）

**适用范围**

1. 国务院部委、直属机构和省、自治区、直辖市、计划单列市所属从事科学研究工作的各类科研院所。

2. 国家承认学历的实施专科及以上高等学历教育的高等学校。

3. 国家发展改革委会同财政部、海关总署和国家税务总局核定的国家工程研究中心；国家发展改革委会同财政部、海关总署、国家税务总局和科技部核定的企业技术中心。

4. 科技部会同财政部、海关总署和国家税务总局核定的：①科技体制改革过程中转制为企业和进入企业的主要从事科学研究和技术开发工作的机构；②国家重点实验室及企业国家重点实验室；③国家工程技术研究中心。

5. 科技部会同民政部核定或者各省、自治区、直辖市、计划单列市及新疆生产建设兵团科技主管部门会同同级民政部门核定的科技类民办非企业单位。

6. 工业和信息化部会同财政部、海关总署、国家税务总局核定的国家中小企业公共服务示范平台（技术类）。

7. 各省、自治区、直辖市、计划单列市及新疆生产建设兵团商务主管部门会同同级财政、国税部门和外资研发中心所在地直属海关核定的外资研发中心。

8. 国家新闻出版广电总局批准的下列具有出版物进口许可的出版物进口单位：中国图书进出口（集团）总公司及其具有独立法人资格的子公司、中国经济图书进出口公司、中国教育图书进出口有限公司、北京中科进出口有限责任公司、中国科技资料进出口总公司、中国国际图书贸易集团有限公司。

9. 财政部会同有关部门核定的其他科学研究机构、技术开发机构、学校。

**优惠内容**

自 2016 年 1 月 1 日至 2020 年 12 月 31 日，对科学研究机构、技术开发机构、学校等单位进口国内不能生产或者性能不能满足需要的科学研究、科技开发和教学用品，免征进口关税和进口环节增值税、消费税；对出版物进口单位为科研院所、学校进口用于科研、教学的图书、资料等，免征进口环节增值税。

**符合条件**

1. 科学研究机构、技术开发机构、学校和出版物进口单位等是指：

（1）国务院部委、直属机构和省、自治区、直辖市、计划单列市所属从事科学研究工作的各类科研院所。

（2）国家承认学历的实施专科及以上高等学历教育的高等学校。

（3）国家发展改革委会同财政部、海关总署和国家税务总局核定的国家工程研究中心；国家发展改革委会同财政部、海关总署、国家税务总局和科技部核定的企业技术中心。

（4）科技部会同财政部、海关总署和国家税务总局核定的：①科技体制改革过程中转制为企业和进入企业的主要从事科学研究和技术开发工作的机构；②国家重点实验室及企业国家重点实验室；③国家工程技术研究中心。

（5）科技部会同民政部核定或者各省、自治区、直辖市、计划单列市及新疆生产建设兵团科技主管部门会同同级民政部门核定的科技类民办非企业单位。

（6）工业和信息化部会同财政部、海关总署、国家税务总局核定的国家中小企业公共服务示范平台（技术类）。

（7）各省、自治区、直辖市、计划单列市及新疆生产建设兵团商务主管部门会同同级财政、国税部门和外资研发中心所在地直属海关核定的外资研发中心。

（8）国家新闻出版广电总局批准的下列具有出版物进口许可的出版物进口单位：中国图书进出口（集团）总公司及其具有独立法人资格的子公司、中国经济图书进出口公司、中国教育图书进出口有限公司、北京中科进出口有限责任公司、中国科技资料进出口总公司、中国国际图书贸易集团有限公司。

（9）财政部会同有关部门核定的其他科学研究机构、技术开发机构、学校。

2. 科学研究机构、技术开发机构、学校等单位进口的国内不能生产或者性能不能满足需要的科学研究、科技开发和教学用品（含出版物进口单位为科研院所、学校进口用于科研、教学的图书、资料等），列入了财政部会同海关总署、国家税务总局制定并发布的《进口科学研究、科技开发和教学用品免税清单》。

# 第八部分　产业载体

**导读**　产业载体是指支撑维持某一产业形成、存在和发展的各种物质条件和文化条件的综合形态体。产业载体是实现产业集聚、促进产业经济发展的必然趋势，是市场经济条件下工业化发展到一定阶段的必然产物，是一种新的发展理念。产业载体作为经济发展载体的表现形式之一，对资金、技术、信息、人才等具有强大吸引力，其表现形式包括新区、经济开发区、保税区、示范区、产业集群、产业基地、商务区、工业园区、总部经济、产业城等多种形式。

## 一、国家级新区

### 政策依据

《国务院办公厅关于支持国家级新区深化改革创新加快推动高质量发展的指导意见》（国办发〔2019〕58号）

《关于促进国家级新区健康发展的指导意见》（发改地区〔2015〕778号）

《关于推动国家级新区深化重点领域体制机制创新的通知》（发改地区〔2015〕1573号）

《关于推进开发性金融支持国家级新区健康发展有关工作的通知》（发改地区〔2015〕1584号）

### 政策介绍

国家级新区，是由国务院批准设立，承担国家重大发展和改革开放战略任务的综合功能区。国家级新区是中国于20世纪90年代初期设立的一种新开发开放与改革的大城市区。

国家级新区发展目标为：保持经济增长速度在比较长的时期内快于所在省（区、市）的总体水平，着力提升经济发展质量和规模，将新区打造成为全方位扩大对外开放的重要窗口、创新体制机制的重要平台、辐射带动区域发展的重要增长极、产城融合发展的重要示范区，进一步提升新区在全国改革开放和现代化建设大局中的战略地位。

新区的成立乃至于开发建设上升为国家战略，总体发展目标、发展定位等由国务院统一进行规划和审批，相关特殊优惠政策和权限由国务院直接批复，在辖区内实行更加开放和优惠的特殊政策，鼓励新区进行各项制度改革与创新的探索工作。

**重点部署**

1. 上海浦东新区。重点围绕深化自由贸易试验区制度创新，在金融、贸易、航运等方面加快构建开放型经济新体制开展探索。

2. 天津滨海新区。重点围绕京津协同创新体系建设和港区协调联动开展探索。

3. 重庆两江新区。重点围绕打造丝绸之路经济带和长江经济带重要交汇点，推动建立内陆通关和口岸监管新模式开展探索。

4. 浙江舟山群岛新区。重点围绕打造江海联运中心，推动建立高效便捷的通关和口岸监管模式开展探索。

5. 甘肃兰州新区。重点围绕深化政府服务创新，在建立促进产业集聚和科技创新新机制方面开展探索。

6. 广州南沙新区。重点围绕推动自由贸易试验区制度创新，构建与国际投资贸易通行规则相衔接的基本制度框架开展探索。

7. 陕西西咸新区。重点围绕推进“一带一路”建设，创新城市发展方式和以文化促发展的有效途径开展探索。

8. 贵州贵安新区。重点围绕构建产城融合发展的新机制，以产业集聚促进新型城镇化发展开展探索。

9. 青岛西海岸新区。重点围绕提升深远海资源开发能力，形成以海洋科技创新促进海洋产业发展的有效途径开展探索。

10. 大连金普新区。重点围绕深化面向东北亚区域开放合作，推动构建现代产业体系开展探索。

11. 四川天府新区。重点围绕深化土地管理制度改革，构建有利于产业集聚发展和城乡一体化发展的体制机制开展探索。

12. 湖南湘江新区。重点围绕创新生态文明建设体制，推动建立综合性生态补偿机制，走绿色低碳循环发展道路开展探索。

13. 南京江北新区。重点围绕实施创新驱动发展战略，以自主创新引领产业转型升级、以制度创新促进区域协同发展开展探索。

**重点举措**

《关于支持国家级新区深化改革创新加快推动高质量发展的指导意见》就新时期加快推动新区高质量发展提出 5 个方面重点举措：

1. 着力提升关键领域科技创新能力。打造若干竞争力强的创新平台，瞄准国际前沿技术强化攻关。完善创新激励和成果保护机制，打造一批拥有知名品牌和核心知识产权的优势企业。积极吸纳和集聚创新要素。

2. 加快推动实体经济高质量发展。引导新区做精做强主导产业，培育新产业新业态新模式，精准引进建设一批重大产业项目，推动中西部和东北地区新区与东部地区建立精准承接制造业产业转移长效机制。

3. 持续增创体制机制新优势。优化新区管理运营机制，允许相关省（区、市）按规定赋予新区相应的地市级经济社会管理权限，下放部分省级经济管理权限。开展体现新区特点的营商环境评价，打造一流营商环境，在深化“放管服”改革方面走在前列。

4. 推动全方位高水平对外开放。进一步增强国际竞争力，提升投资贸易便利化水平，支持新区结合实际按程序复制推广自贸试验区改革创新经验，支持在确有发展需要、符合条件的新区设立综合保税区。

5. 高标准推进建设管理。加强规划统领与约束，高质量编制发展规划。探索高品质城市治理方式，提升城市精细化管理水平。创新土地集约利用方式，强化开发强度、投资强度、产出强度、人均用地指标等要求。

## 二、国家级经济技术开发区

### 政策依据

《国务院关于推进国家级经济技术开发区创新提升打造改革开放新高地的意见》（国发〔2019〕11号）

### 政策介绍

国家级经济技术开发区（以下简称经开区）是中国大陆为实行改革开放政策而设立的现代化工业、产业园区，主要解决中国大陆长期存在的审批手续繁杂、机构叠床架屋等制约经济社会发展的体制问题。1984年，在借鉴经济特区成功经验基础上，我国在沿海12个城市设立了首批14家国家级经开区。随着对外开放向纵深推进，国家级经开区布局不断向内陆扩展。截至目前，全国共有219家国家级经开区，遍布31个省（区、市），其中东部地区107家，中部地区63家，西部地区49家；2018年，全国219家国家级经开区实现地区生产总值10.2万亿元，占全国的11.3%。

### 指导思想

2019年，国务院发布了《国务院关于推进国家级经济技术开发区创新提升打造改革开放新高地的意见》，进一步明确了新时期经开区的发展方向：以习近平新时代中国特色社会主义思想为指导，全面贯彻党的十九大和十九届二中、三中全会精神，按照党中央、国务院决策部署，坚持稳中求进工作总基调，坚持新发展理念，以供给侧结构性改革为主线，以高质量发展为核心目标，以激发对外经济活力为突破口，着力推进国家级经开区开放创新、科技创新、制度创新，提升对外合作水平、提升经济发展质量，打造改革开放新高地。

**政策措施**

围绕国家级经开区开放创新、科技创新、制度创新，提升对外合作水平、提升经济发展质量等方面提出了 5 个方面 22 条政策举措，明确了任务分工，打造改革开放新高地。

1. 提升开放型经济质量。①拓展利用外资方式。支持国家级经开区提高引资质量，重点引进跨国公司地区总部、研发、财务、采购、销售、物流、结算等功能性机构。②优化外商投资导向。对在中西部和东北地区国家级经开区内从事鼓励类项目且在完善产业链等方面发挥重要作用的外商投资企业，可按规定予以支持。③提升对外贸易质量。支持符合条件的国家级经开区申请设立综合保税区。

2. 赋予更大改革自主权。①深化“放管服”改革。支持国家级经开区优化营商环境，推动其在“放管服”改革方面走在前列，依法精简投资项目准入手续，简化审批程序，下放省市级经济管理审批权限，实施先建后验管理新模式。②优化机构职能。允许国家级经开区按照机构编制管理相关规定，调整内设机构、职能、人员等，推进机构设置和职能配置优化协同高效。③优化开发建设主体和运营主体管理机制。支持地方人民政府对有条件的国家级经开区开发建设主体进行资产重组、股权结构调整优化，引入民营资本和外国投资者，开发运营特色产业园等园区，并在准入、投融资、服务便利化等方面给予支持。④健全完善绩效激励机制。支持国家级经开区创新选人用人机制，经批准可实行聘任制、绩效考核制等，允许实行兼职兼薪、年薪制、协议工资制等多种分配方式。⑤支持开展自贸试验区相关改革试点。支持国家级经开区按程序开展符合其发展方向的自贸试验区相关改革试点。

3. 打造现代产业体系。①加强产业布局统筹协调。加强上下游产业布局规划，推动国家级经开区形成共生互补的产业生态体系。②实施先进制造业集群培育行动。支持国家级经开区创建国家新型工业化产业示范基地，坚持市场化运作、内外资企业一视同仁，培育先进制造业集群。③实施现代服务业优化升级行动。地方人民政府可结合地方服务业发展实际，利用现有政策和资金渠道，支持在符合条件的国家级经开区内发展医疗健康、社区服务等生活性服务业，以及工业设计、物流、会展等生产性服务业。④加快推进园区绿色升级。充分发挥政府投资基金作用，支持国家级经开区加大循环化改造力度，实施环境优化改造项目。⑤推动发展数字经济。鼓励各类资本在具备条件的国家级经开区投资建设信息技术基础设施，省级人民政府可将此类投资纳入当地数字经济发展规划并予以支持。⑥提升产业创新能力。鼓励国家级经开区复制推广自贸试验区、自主创新示范区等试点经验，率先将国家科技创新政策落实到位，成效明显的可加大政策先行先试力度，打造成为科技创新集聚区。

4. 完善对内对外合作平台功能。①积极参与国际合作。支持国家级经开区积极探索与境外经贸合作区开展合作。②打造国际合作新载体。在科技人才集聚、产业体系较为完备的国家级经开区建设一批国际合作园区，鼓励港澳地区及外国机构、企业、资本参与国际合作园区运营。③拓展对内开放新空间。鼓励地方人民政府依法完善财政、产业政策，支持国家级经开区根据所在区域产业布局，增强产业转移承载能力，开展项目对接。④促进与所在城市互动发展。在保障信息安全的前提下，支持国家级经开区与所在地人民政府相关机构共享公共资源交易、人口、交通、空间地理等信息。

5. 加强要素保障和资源集约利用。①强化集约用地导向。支持国家级经开区开展旧城镇、旧厂房、旧村庄等改造，并按规定完善历史用地手续。积极落实产业用地政策，支持国家级经开区内企业利用现有存量土地发展医疗、教育、科研等项目。②降低能源资源成本。支持省级人民政府在国家级经开区开展电力市场化交易，支持国家级经开区内企业集体与发电企业直接交易，支持区内电力用户优先参与电力市场化交易。支持国家级经开区按规定开展非居民用天然气价格市场化改革，加强天然气输配价格监管，减少或取消直接供气区域内国家级经开区省级管网输配服务加价。③完善人才政策保障。支持国家级经开区引进急需的各类人才，提供户籍办理、出入境、子女入学、医疗保险、创业投资等方面“一站式”服务。④促进就业创业。对符合条件且未享受实物保障的在国家级经开区内就业或创业的人员，可提供一定的购房、租房补贴，按规定落实创业担保贷款政策。

## 三、国家高新技术产业开发区

### 政策依据

《科技部关于印发国家高新技术产业开发区“十三五”发展规划的通知》(国科发高〔2017〕90号）

《国务院关于促进国家高新技术产业开发区高质量发展的若干意见》（国发〔2020〕7号）

### 政策介绍

国家高新技术产业开发区（以下简称国家高新区）是中国在一些知识与技术密集的大中城市和沿海地区建立的发展高新技术的产业开发区。高新区以智力密集和开放环境条件为依托，主要依靠国内的科技和经济实力，充分吸收和借鉴国外先进科技资源、资金和管理手段，通过实施高新技术产业的优惠政策和各项改革措施，实现软硬环境的局部优化，最大限度地把科技成果转化为现实生产力而建立起来的集中区域。

1988年，国务院开始批准建立国家高新技术产业开发区。1988年8月，中国国家高新技术产业化发展计划——火炬计划开始实施，创办高新技术产业开发区和高新技术创业服务中心被明确列入火炬计划的重要内容。2019年，我国169家国家高新区实现生产总值12.2万亿元，上缴税费1.9万亿元，分别占国内生产总值的12.3%、税收收入的11.8%。32年以来，全国高新技术产业开发区已发展成为国家重要的创新高地、产业高地和人才高地。

### 政策内容

2020年7月，国务院印发了《关于促进国家高新技术产业开发区高质量发展的若干意见》，作为今后一段时间指导高新区发展的指导性文件。《若干意见》明确了2025年和2035年发展目标，从6个方面提出了18条具体举措，主要内容如下。

1. 着力提升自主创新能力。主要措施包括大力集聚高端创新资源、吸引培育一流创新人才、加强关键核心技术创新和成果转移转化。

2. 进一步激发企业创新发展活力。主要措施包括支持高新技术企业发展壮大、积极培育科技型中小企业、加强对科技创新创业的服务支持。

3. 推进产业迈向中高端。主要措施包括大力培育发展新兴产业、做大做强特色主导产业。

4. 加大开放创新力度。主要措施包括推动区域协同发展、打造区域创新增长极、融入全球创新体系。

5. 营造高质量发展环境。主要措施包括深化管理体制机制改革、优化营商环境、加强金融服务、优化土地资源配置、建设绿色生态园区。

6. 加强分类指导和组织管理。主要措施包括加强组织领导、强化动态管理。

## 四、国家综合保税区

### 政策依据

《国务院关于促进综合保税区高水平开放高质量发展的若干意见》（国发〔2019〕3 号）

### 政策介绍

综合保税区是设立在内陆地区的具有保税港区功能的海关特殊监管区域。由海关参照有关规定对综合保税区进行管理，执行保税港区的税收和外汇政策，集保税区、出口加工区、保税物流区、港口的功能于一身，可以发展国际中转、配送、采购、转口贸易和出口加工等业务。

综合保税区是开放型经济的重要平台，对发展对外贸易、吸引外商投资、促进产业转型升级发挥着重要作用。为贯彻落实党中央、国务院关于推动形成全面开放新格局的决策部署，实行高水平的贸易和投资自由化便利化政策，以高水平开放推动高质量发展，将综合保税区建设成为新时代全面深化改革开放的新高地，2019 年 1 月，国务院发布了《关于促进综合保税区高水平开放高质量发展的若干意见》。

**发展目标**

对标高质量发展要求，完善政策，拓展功能，创新监管，培育综合保税区产业配套、营商环境等综合竞争新优势。加快综合保税区创新升级，打造对外开放新高地，推动综合保税区发展成为具有全球影响力和竞争力的加工制造中心、研发设计中心、物流分拨中心、检测维修中心、销售服务中心。

**主要任务**

《关于促进综合保税区高水平开放高质量发展的若干意见》明确了 5 个方面 21 项重点任务，并做了任务分工。

1. 统筹两个市场，打造加工制造中心。①拓展两个市场。积极稳妥地在综合保税区推广增值税一般纳税人资格试点；②提前适用政策。自国务院批准设立综合保税区之日起，对入区企业进口自用的机器设备等，在确保海关有效监管的前提下，可按现行规定享受综合保税区税收政策。③释放企业产能。允许综合保税区内加工制造企业利用剩余产能承接境内区外委托加工。④促进内销便利。将在综合保税区内生产制造的手机、汽车零部件等重点产品从自动进口许可证管理货物目录中剔除，便利企业内销。⑤强化企业市场主体地位。简化海关业务核准手续，支持综合保税区内企业自主备案、合理自定核销周期、自主核报、自主补缴税款。

2. 推动创新创业，打造研发设计中心。①促进研发创新。除禁止进境的外，综合保税区内企业从境外进口且在区内用于研发的货物、物品，免于提交许可证件，进口的消耗性材料根据实际研发耗用核销。②建设创新高地。综合运用综合保税区政策功能优势，支持国家产业创新中心、国家技术创新中心、国家工程研究中心、新型研发机构等研发创新机构在综合保税区发展。③优化信用管理。综合保税区内新设的研发设计、加工制造企业，经评定符合有关标准的，直接赋予最高信用等级。④支持医疗设备研发。综合保税区内企业进口的医疗器械用于研发、展示的，可不办理相关注册或备案手续。进入国内销售、使用的医疗器械，应当按照相关规定申请注册或办理备案。

3. 推进贸易便利化，打造物流分拨中心。①简化进出区管理。允许对境内入区的不涉出口关税、不涉贸易管制证件、不要求退税且不纳入海关统计的货物、物品，实施便捷进出区管理模式。②便利货物流转。运用智能监管手段，创新监管模式，简化业务流程，实行数据自动比对、卡口自动核放，实现保税货物点对点直接流转，降低运行成本，提升监管效能。③试行汽车保税存储。允许在汽车整车进口口岸的综合保税区内开展进口汽车保税存储、展示等业务。④促进文物回流。优化文物及文化艺术品从境外入区监管模式，简化文化艺术品备案程序，实施文物进出境登记审核，促进文物及文化艺术品在综合保税区存储、展示等。

4. 延伸产业链条，打造检测维修中心。①开展检测维修。允许综合保税区内企业开展高技术、高附加值、符合环保要求的保税检测和全球维修业务。支持第三方检验检测认证机构在综合保税区开展进出口检验认证服务。②支持再制造业。允许综合保税区内企业开展高技术含量、高附加值的航空航天、工程机械、数控机床等再制造业务。③创新监管模式。综合保税区内企业从境外进口已获批的人用疫苗或体外诊断试剂，允许在具备必要监管查验条件的综合保税区内查验。境外入区的食品，如需检测的，在抽样后即放行，对境外入区动植物产品的检验项目，实行“先入区、后检测”，根据检测结果进行后续处置。

5. 培育新动能新优势，打造销售服务中心。①发展租赁业态。对注册在综合保税区内的融资租赁企业进出口飞机、船舶和海洋工程结构物等大型设备涉及跨关区的，在确保有效监管和执行现行相关税收政策的前提下，按物流实际需要，实行海关异地委托监管。②促进跨境电商发展。支持综合保税区内企业开展跨境电商进出口业务，逐步实现综合保税区全面适用跨境电商零售进口政策。③支持服务外包。允许综合保税区内企业进口专业设备开展软件测试、文化创意等国际服务外包业务，促进跨境服务贸易。④支持期货交割。支持具备条件的综合保税区开展铁矿石、天然橡胶等商品期货保税交割业务。⑤推广创新制度。经政策评估后，支持综合保税区率先全面复制推广自贸试验区中与海关特殊监管区域相关的改革试点经验。

## 五、国家科技成果转移转化示范区

### 政策依据

《科技部关于印发国家科技成果转移转化示范区建设指引的通知》（国科发创〔2017〕304号）

### 政策介绍

为贯彻落实科技成果转移转化的“三部曲”相关要求，进一步推动科技成果与地方企业和产业发展融合“落地”，2016年，科技部宣布在河北省和宁波市启动建设首批国家科技成果转移转化示范区。建设国家科技成果转移转化示范区，有助于完善区域科技成果转化政策环境，提升区域创新能力，起到以点带面的示范作用。

建设目标：示范区建设期原则上为3～5年，“十三五”期间部署建设10个左右。打造形成一批政策先行、机制创新、市场活跃的科技成果转移转化区域高地，形成一批可复制、可推广的经验做法。有利于科技成果转移转化的政策环境和体制机制不断健全，专业化的技术转移人才队伍不断壮大，科技成果转化公共服务平台更加完善，企业、高校和科研院所科技成果转移转化能力明显提升，各具特色的科技成果转移转化体系逐步建立和完善。

### 政策内容

优化资源配置。鼓励示范区创业投资基金加强与国家科技成果转化引导基金的协同联动，带动社会资本共同设立创业投资子基金，加大对示范区的支持力度。支持示范区开展科技金融结合试点工作，引导金融资本支持成果转化。国家建设的技术交易网络平台、科技成果信息服务系统等与示范区相关平台和系统实现互联互通，区域性技术转移中心、示范性技术转移机构、成果转化类科技创新基地等优先在示范区建设。

**建设条件**

1. 地方政府高度重视，把促进科技成果转移转化有关工作列入重要规划和计划。

2. 有较好的科技成果转移转化工作基础和突出的示范特色，技术市场交易额等主要指标实现持续增长。

3. 制定出台较为完备的科技成果转移转化配套政策法规，建立较完善的科技成果转化平台，拥有一批较高水平的技术转移及成果转化服务机构和专业化的人才队伍。

4. 科技与产业发展特色鲜明，能形成较好的示范效应，对国家重大发展战略发挥关键支点作用。

**申报流程**

提出需求。对于工作基础好、积极性高、符合布局条件的省（自治区、直辖市），地方科技主管部门经报请地方政府同意，提出示范区建设需求和建设思路。

↓

制定方案。地方科技主管部门编制建设方案，开展专家咨询论证，由地方政府报送科技部。科技部根据情况组织开展调研咨询，提出对建设方案的编制意见。

↓

启动建设。对满足建设条件、建设方案成熟的地方，科技部支持示范区建设。地方政府按要求启动建设，加强建设方案任务落实和考核评价。

↓

监测评估。示范区设立各具特色的建设指标体系，引导建设方向和目标任务。每年12月底以前，地方科技主管部门将示范区年度建设情况书面报科技部。示范区建设期满前，科技部组织开展总结评估，并根据评估结果决定整改、撤销或后续支持等事项。

↓

示范推广。示范区凝练提出可供复制推广的若干政策措施和经验做法。科技部对示范区建设经验和做法进行总结提炼，向全国示范推广一批可复制可推广的先行先试政策与经验模式，发挥示范区的辐射带动效应。

## 六、创新型产业集群试点

### 政策依据

《创新型产业集群建设工程实施方案》

《关于印发创新型产业集群试点认定管理办法的通知》（国科发火〔2013〕230 号）

《关于深入推进创新型产业集群高质量发展的意见》（国科火字〔2020〕85 号）

### 适用范围

创新型产业集群是指产业链相关联企业、研发和服务机构在特定区域集聚，通过分工合作和协同创新，形成具有跨行业跨区域带动作用和国际竞争力的产业组织形态。

集群试点工作在高新技术产业园区开展，一般以国家高新技术产业开发区为重点，通过政府的组织引导、集群的科学规划和产业链的协同发展，促进传统产业的转型升级和新兴产业的培育发展，提升产业竞争力。

### 政策内容

1. 加强政策扶持。对科技部批准建设的创新型产业集群，火炬中心组织专家指导并参与制定产业集群发展规划；所在省（区、市）应将集群建设纳入省部会商内容，并统筹各类资源，对集群建设给予倾斜。所在城市人民政府研究制定相关扶持政策和措施，保证集群建设工程顺利实施。

2. 加大资金投入。对科技部批准建设的创新型产业集群，火炬中心统筹相关科技计划给予重点支持。省级科技行政管理部门在申报国家相关科技计划项目时，以产业集群为重点进行组织。在安排省级科技计划经费时，向产业集群倾斜。所在城市政府落实集群建设专项经费，积极探索设立产业集群发展专项基金。

3. 强化工作引导。建立和完善促进产业集群发展的工作协调机制，帮助地方政府制定集群发展规划，选择产业发展方向和重点发展领域；建立产业集群统计监测及考核评价体系，建立国际合作及信息交流平台，加强对产业集群发展的引导、评价指导和协调服务。对地方开展建设的产业集群，火炬中心视建设情况和发展水平择优给予引导性支持；对上升为省发展战略和重点，有明确的建设方案和发展规划，条件成熟的，可择优报科技部批准建设。

**申请条件**

申请集群试点，需同时满足以下条件：

1. 集群的建设与发展规划，应具有科学性、前瞻性和可实施性。规划的主导产业市场前景广阔，主导产业在细分领域处于国内领先地位。

2. 集群所在地政府（原则上为地级市政府）制定了促进集群产业发展的政策措施，建立了政府引导下的集群产业链协同机制，设立了试点工作管理机构。

3. 集群产业链企业、研发和服务机构相对集聚，建立了产业或技术联盟；骨干企业应为高新技术企业或创新型（试点）企业，具有核心知识产权的品牌产品，参与了国际、国家或行业标准的制定；科技型中小微企业与骨干企业形成了生产配套或协作关系。

4. 拥有与集群产业链相关联的研发设计、创业孵化、技术交易、投融资和知识产权等服务机构，以及科研院所和教育培训等机构，其功能、能力符合集群产业的战略发展需求。

**申报流程**

项目申请。园区管理机构按照集群试点条件和年度申报通知的要求编制申请文件，由所在地政府向省、自治区、直辖市科技行政管理部门提出试点申请。

↓

论证推荐。省、自治区、直辖市科技行政管理部门组织专家论证，符合条件的向科技部推荐。

↓

评审认定，科技部每年组织专家考察和评审。通过评审的，认定为创新型产业集群试点，试点期为三年。

## 七、火炬特色产业基地

**政策依据**

《国家火炬特色产业基地建设管理办法》（国科火字〔2015〕163号）

**适用范围**

国家火炬特色产业基地（以下简称火炬基地）是集聚创新要素资源、优化创新创业环境、培育和支撑特色优势产业的重要手段，是推进区域经济创新发展的有效路径和地方科技工作的重要抓手。

火炬基地是指在一定地域范围内，针对国家鼓励发展的细分产业领域，通过政府组织引导、各方优势资源汇聚、营造良好创新创业环境，形成的具有区域特色和产业特色、对当地经济和社会发展具有显著支撑和带动作用的产业集聚区。

鼓励各地区特别是县（市、区）结合自身产业特色和优势创建火炬基地。

**政策内容**

经认定的产业基地，给予统一命名；在推荐或安排科技计划项目时，优先支持火炬基地内项目。

**申请条件**

申报火炬基地应具备以下基本条件：

1. 设立了由当地政府（县级或地级人民政府、省级或国家高新技术产业开发区管委会、经济技术开发区管委会等，以下同）主导的火炬基地建设领导和协调机制，并有职责明确的日常管理机构。有较完善和可行的火炬基地建设工作方案。

2. 编制了较完善的火炬基地建设规划（重点是发展目标要先进、科学、合理并且通过努力可实现），主导产业已纳入当地发展规划，并有相应的促进政策和配套措施。

3. 具有鲜明的产业特色：有丰富的特色资源，主导产业和主要产品在本区域和全行业内具有特色和竞争优势。

4. 具有较好的产业基础：主导产业实现年总营业收入原则上应超过 30 亿元，或占所在地本产业年总营业收入比重原则上应超过 50%，符合国家产业政策导向，在节能、环保及公共安全等方面符合国家产业政策及相关规定。

5. 具有较完备的科技服务体系：有一批支撑火炬基地发展的创新创业科技服务机构和产业发展促进机构，开展研究开发、技术转移、检验检测、创业孵化、知识产权、科技金融、人才培训等相关工作。

6. 具有较完备的以企业为核心的技术创新体系：有在国内同行业具有明显竞争优势和示范带动作用的骨干企业、一定数量的高新技术企业和科技型中小企业；有较强的技术创新能力，建立了紧密的产学研合作关系；拥有一批具有自主知识产权和一定影响力的技术和产品；有省级以上（含省级）重点实验室、工程（技术）研究中心、企业技术中心等研发创新机构；综合 R&D 投入强度一般不低于 3%。

7. 产业集聚效应显著：已形成在市场机制作用下骨干企业与关联企业联系

密切、分工协作的合理格局，形成较为完整、上下游互动频繁的产业链条；成立了产业技术创新战略联盟等产业促进组织。

**申报流程**

建设申报。当地政府为火炬基地申请单位，将申报材料报省级科技行政主管部门。

↓

审查推荐。省级科技行政主管部门为火炬基地推荐单位，对申报材料的真实性和完整性，以及主导产业是否符合本地区政府鼓励发展的方向进行审查。若同意推荐，将申报材料及推荐意见报科技部火炬中心。

↓

论证认定。科技部火炬中心对申报材料进行形式审查，组织专家对申报材料进行评议论证（必要时进行实地考察），评议结果在科技部火炬中心网站公示，对公示无异议的确认为国家火炬特色产业基地。

# 附件　国家支持企业技术创新政策导读

| 序号 | 政策名称 | 发文单位 | 支持事项 | 政策要点 | 发布时间 |
|---|---|---|---|---|---|
| 1 | 《国家知识产权战略纲要》（国发〔2008〕18 号） | 国务院 | 启动实施中国知识产权战略 | 中国第一部知识产权战略纲要，标志着中国知识产权战略正式启动实施，是今后较长一段时间内指导我国知识产权事业发展的纲领性文件，开启了中国知识产权事业发展的新篇章 | 2008 年 |
| 2 | 《关于深化中央财政科技计划（专项、基金等）管理改革的方案》（国发〔2014〕64 号） | 国务院 | 深化中央财政科技计划（专项、基金等）管理改革 | 强化顶层设计，打破条块分割，加强部门功能性分工，建立具有中国特色的目标明确和绩效导向的科技计划（专项、基金等）管理体制，更加聚焦国家目标，更加符合科技创新规律，更加高效配置科技资源，更加强化科技与经济的紧密结合，最大限度激发科研人员创新热情 | 2014 年 |
| 3 | 《中华人民共和国促进科技成果转化法》（1996 年实施，2015 年修改） | 全国人大常委会 | 科技成果转化立法 | 深入实施创新驱动发展战略，通过立法促进科技成果转化为现实生产力，规范科技成果转化活动，加速科学技术进步，推动经济建设和社会发展 | 2015 年 |
| 4 | 《深化科技体制改革实施方案》（2015 年 9 月 24 日） | 中共中央办公厅<br>国务院办公厅 | 深化科技体制改革 | 以问题为导向，针对科技创新和创新驱动发展存在的体制机制“痛点”和政策制度障碍对症下药，围绕 10 个方面提出 32 改革举措 143 项政策措施 | 2015 年 |
| 5 | 《关于发展众创空间推进大众创新创业的指导意见》（国办发〔2015〕9 号） | 国务院办公厅 | 发展众创空间推进大众创新创业 | 为营造良好创新创业生态环境，激发全社会 创新创业活力，构建众创空间等创新创业平台，《指导意见》提出了 2020 年发展目标，围绕加快构建众创空间、降低创新创业门槛等 8 个方面部署了一系列重点任务。 | 2015 年 |

续表

| 序号 | 政策名称 | 发文单位 | 支持事项 | 政策要点 | 发布时间 |
|---|---|---|---|---|---|
| 6 | 《关于大力推进大众创业万众创新若干政策措施的意见》（国发〔2015〕32号） | 国务院 | 推进大众创业万众创新 | 是推动大众创业、万众创新的系统性、普惠性政策文件，从九大领域30个方面明确了96条政策措施 | 2015年 |
| 7 | 《国家创新驱动发展战略纲要》（2016年5月19日） | 中共中央<br>国务院 | 创新驱动发展战略顶层设计 | 是对创新驱动发展战略进行的顶层设计和系统谋划，明确了未来30多年创新驱动发展的目标、方向和重点任务，是新时期推进创新工作的纲领性文件，是建设创新型国家的行动指南 | 2016年 |
| 8 | 《促进科技成果转移转化行动方案》（国办发〔2016〕28号） | 国务院办公厅 | “十三五”时期科技成果转化工作 | 是科技成果转移转化“三部曲”重要组成，面向“十三五”时期部署了8个方面26项重点任务，全面推动各地方、各部门、各类创新主体加强科技成果转移转化工作，形成千军万马共同推动科技成果转化的新格局 | 2016年 |
| 9 | 《关于实行以增加知识价值为导向分配政策的若干意见》（2016年11月7日） | 中共中央办公厅<br>国务院办公厅 | 实行增加知识价值 为导向的分配 | 是中央在收入分配调节方面的重要文件，主要是针对我国科研人员的实际贡献与收入分配不完全匹配的问题，提出了明确分配导向完善分配机制的7个方面21条改革部署；分配政策基本思路是发挥市场机制的作用，构建基本工资、绩效工资和科技成果转化性收入的三元的薪酬体系 | 2016年 |

续表

| 序号 | 政策名称 | 发文单位 | 支持事项 | 政策要点 | 发布时间 |
|---|---|---|---|---|---|
| 10 | 《关于促进创业投资持续健康发展的若干意见》（国发〔2016〕53号） | 国务院 | 创业投资 | 为加快形成有利于创业投资发展的良好氛围和“创业、创新+创投”的协同互动发展格局，进一步扩大创业投资规，促进创业投资做大做强做优，从投资主体、资金来源、政策引导、退出机制等多个方面对创业投资发展进行了全方位的顶层设计，推动创投行业沿着健康的轨道蓬勃发展 | 2016年 |
| 11 | 《国家技术转移体系建设方案》（国发〔2017〕44号） | 国务院 | 国家技术转移体系建设 | 是党的十八大以来党中央、国务院对技术转移和成果转化工作进行系统部署的重要文件，是统筹指导国家技术转移体系建设全局的行动指南，是对推进科技成果转移转化“三部曲”向纵深发展的体系化部署 | 2017年 |
| 12 | 《国家科技创新基地优化整合方案》（国科发基〔2017〕250号） | 科技部<br>财政部<br>国家发展改革委 | 国家科技创新基地优化整合 | 落实深化中央财政科技计划（专项、基金等）管理改革有关国家科研基地优化整合的重点任务，解决现有基地之间交叉重复、定位不够清晰的问题，优化调整国家科技创新基地建设发展体系，重点推进科学与工程研究、技术创新与成果转化、基础支撑与条件保障3类布局建设 | 2017年 |
| 13 | 《关于优化科研管理提升科研绩效若干措施的通知》（国发〔2018〕25号） | 国务院 | 优化科研管理提升科研绩效 | 推进科技领域“放管服”改革，建立完善以信任为前提的科研管理机制，围绕优化科研项目和经费管理，完善有利于创新的评价激励制度，强化科研项目绩效评价，完善分级责任担当机制，开展基于绩效、诚信和能力的科研管理改革试点5个方面提出了20项政策措施 | 2018年 |

续表

| 序号 | 政策名称 | 发文单位 | 支持事项 | 政策要点 | 发布时间 |
|---|---|---|---|---|---|
| 14 | 《关于推动创新创业高质量发展打造“双创”升级版的意见》（国发〔2018〕32号） | 国务院 | 创新创业高质量发展 | 贯彻党的十九大精神，按照高质量发展要求，深入实施创新驱动发展战略，通过打造“双创”升级版，进一步优化创新创业环境，围绕深化放管服改革、加大财税政策支持力度等提出了打造“双创”升级版的8个方面政策措施 | 2018年 |
| 15 | 《关于营造更好发展环境支持民营企业改革发展的意见》（2019年12月4日） | 中共中央<br>国务院 | 民营企业 | 深入落实习近平总书记在民营企业座谈会上的重要讲话精神，坚持和完善社会主义基本经济制度，从优化公平竞争的市场环境、完善精准有效的政策环境、健全平等保护的法治环境、鼓励引导民营企业改革创新、促进民营企业规范健康发展、构建亲清政商关系、组织保障等7个方面提出了一系列政策举措 | 2019年 |
| 16 | 《关于促进中小企业健康发展的指导意见》（2019年4月7日） | 中共中央办公厅<br>国务院办公厅 | 中小企业 | 随着国际国内市场环境变化，中小企业面临的生产成本上升、融资难融资贵、创新发展能力不足等问题日益突出。围绕营造良好发展环境、破解融资难融资贵问题、完善财税支持政策、提升创新发展能力、改进服务保障工作、强化组织领导和统筹协调等6个方面提出了23条具体措施 | 2019年 |
| 17 | 《关于构建更加完善的要素市场化配置体制机制的意见》（2020年3月30日） | 中共中央<br>国务院 | 完善要素市场化配置 | 完善要素市场化配置是建设统一开放、竞争有序市场体系的内在要求，是新时代加快完善社会主义市场经济体制的重要内容。明确了要素市场制度建设的方向及重点改革任务，并就扩大要素市场化配置范围、促进要素自主有序流动、加快要素价格市场化改革等做出了部署 | 2020年 |

续表

| 序号 | 政策名称 | 发文单位 | 支持事项 | 政策要点 | 发布时间 |
|---|---|---|---|---|---|
| 18 | 《关于促进国家高新技术产业开发区高质量发展的若干意见》（国发〔2020〕7号） | 国务院 | 国家高新技术产业开发区高质量发展 | 国家高新技术产业开发区已经成为我国实施创新驱动发展战略的重要载体，为进一步促进国家高新区高质量发展，特制定本意见。提出了2025年、2035年发展目标，围绕提升自主创新能力、激发企业创新发展活力、推进产业迈向中高端、加大开放创新力度、营造高质量发展环境等6个方面提出一系列措施任务 | 2020年 |